Números angelicales

Desvele los secretos de los ángeles, mensajes divinos, numerología, sincronicidad y simbolismo

© Copyright 2024

Todos los derechos reservados. Ninguna parte de este libro puede ser reproducida de ninguna forma sin el permiso escrito del autor. Los revisores pueden citar breves pasajes en las reseñas.

Descargo de responsabilidad: Ninguna parte de esta publicación puede ser reproducida o transmitida de ninguna forma o por ningún medio, mecánico o electrónico, incluyendo fotocopias o grabaciones, o por ningún sistema de almacenamiento y recuperación de información, o transmitida por correo electrónico sin permiso escrito del editor.

Si bien se ha hecho todo lo posible por verificar la información proporcionada en esta publicación, ni el autor ni el editor asumen responsabilidad alguna por los errores, omisiones o interpretaciones contrarias al tema aquí tratado.

Este libro es solo para fines de entretenimiento. Las opiniones expresadas son únicamente las del autor y no deben tomarse como instrucciones u órdenes de expertos. El lector es responsable de sus propias acciones.

La adhesión a todas las leyes y regulaciones aplicables, incluyendo las leyes internacionales, federales, estatales y locales que rigen la concesión de licencias profesionales, las prácticas comerciales, la publicidad y todos los demás aspectos de la realización de negocios en los EE. UU., Canadá, Reino Unido o cualquier otra jurisdicción es responsabilidad exclusiva del comprador o del lector.

Ni el autor ni el editor asumen responsabilidad alguna en nombre del comprador o lector de estos materiales. Cualquier desaire percibido de cualquier individuo u organización es puramente involuntario.

Su regalo gratuito

¡Gracias por descargar este libro! Si desea aprender más acerca de varios temas de espiritualidad, entonces únase a la comunidad de Mari Silva y obtenga el MP3 de meditación guiada para despertar su tercer ojo. Este MP3 de meditación guiada está diseñado para abrir y fortalecer el tercer ojo para que pueda experimentar un estado superior de conciencia.

https://livetolearn.lpages.co/mari-silva-third-eye-meditation-mp3-spanish/

¡O escanee el código QR!

Tabla de contenidos

INTRODUCCIÓN 1
CAPÍTULO 1: ¿QUÉ SON LOS NÚMEROS ANGELICALES? 3
CAPÍTULO 2: NUMEROLOGÍA BÁSICA 13
CAPÍTULO 3: INTERPRETACIÓN DE LOS NÚMEROS
ANGELICALES 23
CAPÍTULO 4: OTROS SIGNOS DE LA PRESENCIA ANGELICAL 32
CAPÍTULO 5: SÍMBOLOS Y SELLOS ANGELICALES 43
CAPÍTULO 6: SINCRONICIDAD, TIEMPO DIVINO Y
COINCIDENCIAS 55
CAPÍTULO 7: CORRESPONDENCIAS ANGELICALES 66
CAPÍTULO 8: LA LEY DE LA ATRACCIÓN 79
CAPÍTULO 9: MEDITACIONES DIARIAS 89
CONCLUSIÓN 101
VEA MÁS LIBROS ESCRITOS POR MARI SILVA 103
SU REGALO GRATUITO 104
REFERENCIAS 105
FUENTES DE IMÁGENES 111

Introducción

¿Alguna vez ha notado que aparecen repetidamente los mismos números y se ha preguntado qué significan? Los números angelicales son una forma en la que entidades divinas intentan comunicarse con los humanos y ofrecerles apoyo y guía cuando lo necesitan. Si sus ojos se posan repetidamente en 333, 444 u otras secuencias numéricas repetidamente, no es una coincidencia. Cada secuencia conlleva un significado único que ofrece una visión de ciertos aspectos de su vida. Prestar atención a los números angelicales es un paso hacia el crecimiento y el desarrollo personal.

En este libro aprenderá todo sobre los números angelicales, los secretos de los ángeles, los mensajes divinos, la numerología, la sincronicidad y el simbolismo. Es una lectura interesante e informativa que explora el significado espiritual de los números angelicales y cómo sirven para el desarrollo y la autoexploración. Profundice en el concepto de los números angelicales y descubra la historia y los orígenes de esta técnica de adivinación milenaria.

Al leer este libro, comprenderá el papel de varios seres angelicales y divinos y la forma en la que se comunican con los humanos a través de signos y símbolos específicos. Conocerá los fundamentos de la numerología y los diferentes sistemas numerológicos. En uno de los capítulos, conocerá las secuencias numéricas más comunes y sus significados. También comprenderá el papel que desempeña la intuición a la hora de interpretar estas secuencias.

El libro explica cómo pueden manifestarse los signos de los ángeles, como coincidencias, sensaciones corporales, olores, objetos y sucesos inesperados. Enumera los símbolos y sellos de varios ángeles y ofrece varias meditaciones y oraciones para practicar.

El libro también ilustra la diferencia entre los conceptos de sincronicidad, tiempo divino y coincidencia. Aprenderá qué es la sincronicidad y su relevancia en las prácticas espirituales actuales. Comprenderá las reglas universales que rigen y dictan el tiempo divino y aprenderá a distinguir entre sincronicidades y coincidencias.

Además de los números angelicales, las secuencias y los sellos, esta guía también explora otras correspondencias angelicales. Entenderá cómo se asocian los ángeles con cosas como los días de la semana, las horas del día, los signos del zodiaco, los colores, los meses y las piedras preciosas. Encontrará una lista con las correspondencias de las figuras angelicales más populares.

Hay un capítulo entero dedicado al concepto de la ley de la atracción, que explica cómo funciona y los principales principios filosóficos y religiosos en los que se basa. Descubrirá cómo se pueden utilizar las correspondencias angelicales junto con la ley de la atracción y conocerá varios ejercicios prácticos, como meditaciones y visualizaciones, que pueden ayudarle a poner en práctica sus conocimientos. Estas actividades le guiarán en la activación de la ley de la atracción para objetivos específicos.

El último capítulo del libro sirve como una pequeña guía de meditaciones diarias con las que puede practicar la mejora de su conciencia, la conexión con el reino angelical y abrir el tercer ojo y el chakra coronario. También encontrará técnicas de enraizamiento y ejercicios para la limpieza energética, prácticas que le ayudarán a descubrir sincronicidades del pasado y meditaciones sobre símbolos y números angelicales.

Capítulo 1: ¿Qué son los números angelicales?

¿Alguna vez ha experimentado extrañas coincidencias en las que ve ciertas secuencias de números por todas partes? Tal vez sea el número 11:11 en un reloj digital o el 333 en placas y billetes. Al principio, estos sucesos pueden parecer coincidencias, pero cuando se vuelven más frecuentes, pueden ser señales de los ángeles. Muchas creencias espirituales hablan de la existencia de números angelicales, secuencias de números que tienen un valor espiritual más allá de su significado numérico. Muchas personas los consideran mensajes de lo divino, del universo y de los ángeles. Estos números pueden aparecer en relojes, teléfonos, recibos, matrículas e incluso en los sueños. La gente está dividida entre creer firmemente en la existencia de estos números y ser escéptica sobre la presencia divina y los mensajes del universo. Este capítulo trata sobre la creencia en los ángeles y cómo pueden comunicarse con usted.

Seres angelicales/divinos

Aunque no sea religioso, probablemente esté familiarizado con los ángeles. Tal vez los conozca por la ficción, las películas o los libros. Son representados como seres divinos que tienen alas y habilidades especiales. Los ángeles han sido venerados en muchas religiones y creencias desde las antiguas civilizaciones y el ser humano siempre ha sentido gran curiosidad y fascinación por el concepto de los ángeles.

Desde las historias bíblicas hasta los relatos modernos, el mero concepto de los ángeles ha cautivado la imaginación de los seres humanos de todo el mundo. Hay muchas historias de avistamientos de ángeles. Algunas personas describen estas interacciones como una luz brillante o la audición de un coro celestial durante experiencias cercanas a la muerte. Otros sienten una presencia sobre sus hombros que les cuida, les ofrece guía y protección. Por ejemplo, ¿alguna vez estuvo a punto de sufrir un accidente o de ponerse delante de un auto que venía en contravía, pero evitó el accidente por un segundo? Nunca se sabe; podría ser obra de su ángel de la guarda.

Según la mayoría de las tradiciones espirituales, los ángeles son mensajeros y ayudantes de Dios. Son seres celestiales de luz y amor, capaces de proteger y consolar a quienes lo necesitan. En algunas tradiciones, los ángeles tienen responsabilidades individuales, como velar por los seres humanos, entregar los mensajes de Dios o supervisar los elementos o las estaciones. En el cristianismo, por ejemplo, hay nueve coros de ángeles, siendo el más alto el de los serafines y el más bajo el de los ángeles simples. Cada uno de estos coros tiene un papel específico en el servicio a Dios y a la humanidad.

1. Los serafines

En la cima de la jerarquía de los ángeles están los serafines. Se consideran pura luz o fuego; su nombre se traduce como «los que arden», lo que refleja su intenso amor y devoción a Dios. Según la literatura religiosa, tienen seis alas: dos les cubren el rostro, dos los pies y las dos restantes les sirven para volar. Estos ángeles son los más cercanos a la presencia divina y lo más probable es que no interactúen con los humanos.

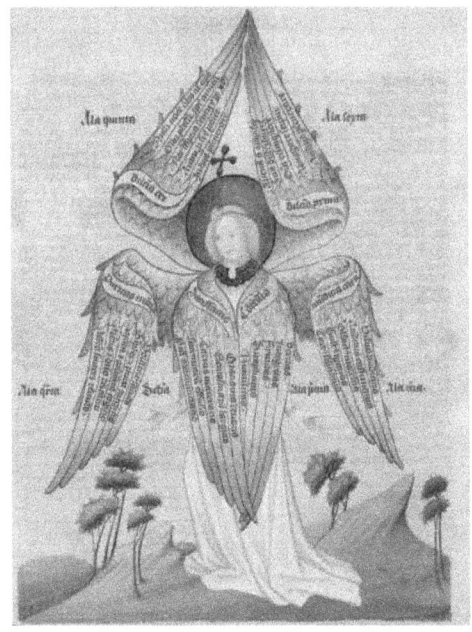

Los serafines son luz pura o fuego, reflejando su intenso amor por Dios[1]

2. Los querubines

Los siguientes en la jerarquía son los querubines. Se cree que son los guardianes del trono de Dios. A menudo se representan con cuatro caras: un humano, un león, un buey y un águila, que representan sus diversas áreas de sabiduría. Los querubines son conocidos por su comprensión de los misterios de Dios y su papel en la protección de su presencia divina.

3. Los tronos

El tercer coro de ángeles son los tronos, que encarnan la justicia y la autoridad de Dios. Se representan como ruedas o carros de fuego, lo que manifiesta su naturaleza veloz y poderosa. Los tronos son responsables de mantener el orden divino y el equilibrio en el universo.

4. Las dominaciones

Los siguientes en la jerarquía son las dominaciones, que son los guardianes del cosmos. Supervisan el trabajo de los rangos inferiores de ángeles y se representan sosteniendo cetros u orbes, que simbolizan su autoridad y poder. Las dominaciones se aseguran de que el universo funcione según la voluntad de Dios.

5. Las virtudes

Las virtudes son conocidas por su valor y fuerza y son responsables de mantener el equilibrio entre el mundo espiritual y el físico. Se representan como guerreros con armadura, blandiendo espadas y escudos y luchando por la voluntad de Dios. Mantienen el mundo en armonía y equilibrio.

6. Las potestades

Las potestades son los guardianes de las naciones y los imperios. Son responsables de mantener el orden y la armonía en el mundo; portan llaves o pergaminos, que simbolizan su papel como administradores del gobierno. Las potestades aseguran que las naciones y los imperios operen de acuerdo con el plan de Dios.

8. Los arcángeles

Los arcángeles son conocidos por su papel como mensajeros de Dios, entregando mensajes vitales a la humanidad. A menudo se asocian con tareas específicas, como la curación o la protección, y son responsables de llevar a cabo la voluntad de Dios en la Tierra.

9. Los ángeles

Por último, en el rango más bajo de la jerarquía están los ángeles. Son responsables de llevar a cabo las tareas asignadas por los niveles superiores y a menudo se representan como mensajeros o ayudantes. Los ángeles sirven a Dios y a la humanidad de diversas maneras, ofreciendo a los humanos su amor, protección y guía.

Una categoría común de ángeles de la que se habla es la de los ángeles de la guarda. Se considera que estos ángeles son únicos para cada individuo, son asignados a cada ser humano al nacer y se encargan de protegerlo durante toda la vida. Lo vigilan, lo protegen de cualquier daño físico o de otro tipo y le ofrecen consuelo y guía. Lo protegen de las energías negativas y evitan que tome malas decisiones en la vida. Los guardianes no se limitan a una única religión o creencia y están presentes en todas las personas, independientemente de sus creencias. Incluso si no quiere creer en la existencia de ángeles reales, puede considerar los números angelicales como mensajes del universo. Estas energías divinas existen más allá de los límites del espacio y el tiempo, velando por usted y guiándolo en su viaje espiritual. Así que, aunque a algunas personas les parezca exagerado, se sorprenderá del potencial de este camino cuando empiece a creer en la guía divina y a manifestarla.

Orígenes de los números angelicales

La existencia de los números angelicales se remonta a los babilonios y egipcios. Ellos creían que los números tenían un significado místico y que podían ser utilizados para comunicarse con lo divino. Al principio, los babilonios desarrollaron un complicado sistema numerológico relacionado con la astrología. Aseguraban que cada número tenía una vibración única que correspondía a un cuerpo celeste específico. Fue entonces cuando nació la astrología, según la cual la fecha y el lugar de nacimiento de una persona puede proporcionar información valiosa sobre su vida.

Por otra parte, los egipcios creían que los números estaban estrechamente ligados a las creencias religiosas. Por ejemplo, el número 7 era especialmente venerado en el antiguo Egipto porque representaba los siete pilares de la sabiduría y los siete dioses de la creación. También creían que el número 42 representaba el camino hacia la vida eterna. Estas antiguas creencias sentaron las bases de la conexión entre la numerología y los números angelicales.

Con el tiempo, este concepto se hizo más complejo, ya que se relacionaron más investigaciones y conexiones religiosas. En particular, el cristianismo tiene muchas referencias a números especiales y a los significados que hay detrás de ellos. Por ejemplo, se cree que el número 3 representa a la Santísima Trinidad, mientras que el número 7 representa la perfección o la culminación. Este concepto se desarrolló aún más durante la Edad Media, cuando se introdujo la numerología en el mundo. Tanto eruditos como filósofos estaban fascinados por los aspectos místicos de los números y su conexión con lo divino. Creían que los números les ayudarían a descubrir los secretos del universo.

Una de las obras más famosas de aquella época sobre numerología es el «*Liber Abaci*», escrito por el matemático italiano Leonardo Fibonacci en 1202. En él, Fibonacci introduce el concepto de la secuencia de Fibonacci, una serie de números en la que cada uno es la suma de los dos anteriores. Esta secuencia se encuentra en la naturaleza y se ha utilizado en arquitectura, música y arte durante siglos. Fibonacci también introdujo el concepto de los números arábigos en Europa, revolucionando las matemáticas y facilitando los cálculos.

Los números angelicales como práctica espiritual

En los últimos años, el concepto y la práctica de los números angelicales se ha convertido en una creencia espiritual popular, ya que muchas personas buscan regularmente la guía y la visión de los ángeles. Las personas que han avistado números de ángeles creen que cuanta más fe se tenga, más claros son los mensajes. Al principio, seguramente será escéptico sobre el asunto, pero una vez que lo vea en acción y tome la buena decisión de seguir este camino, su creencia se hará cada vez más fuerte. Al igual que el tarot y la astrología, la interpretación de los números angelicales se ha vuelto muy popular y cada vez más personas están interesadas en aprender sobre el tema.

Veamos un ejemplo para examinar cómo funcionan exactamente los números angelicales. Jake está pasando por un momento difícil en su vida. Acaba de perder su trabajo y está luchando por encontrar uno nuevo. Su situación económica empeora día a día y siente deseos de abandonar por completo la búsqueda de empleo. Un día, mientras camina por la calle, se da cuenta de que el número 888 aparece en todas partes. Primero lo ve en una valla publicitaria, luego en el recibo del mercado, después en la placa de un camión, y así sucesivamente. Al principio, cree que es una coincidencia, pero cuando las señales se hacen más frecuentes, Jake empieza a investigar qué significa este número. Es entonces cuando descubre los números angelicales y su funcionamiento. Sintiéndose ya perdido y desanimado, toma esto como una señal de que su situación financiera mejorará si sigue los consejos asociados a este número angelical. Animado por ello, hace exactamente eso y pronto recibe una oferta de trabajo mucho mejor de lo que esperaba. Esta experiencia le sirvió de aprendizaje y reforzó su fe en los números angelicales.

Esta historia ofrece una visión del poder y el potencial de los números angelicales como práctica espiritual. Ya sea que se utilicen para recibir orientación durante momentos difíciles o como una práctica diaria para el crecimiento espiritual y la exploración, la interpretación de los números angelicales es una poderosa herramienta para conectarse con lo divino y encontrar orientación y apoyo en su viaje espiritual.

Lugares donde pueden aparecer los números angelicales

¿Alguna vez iba conduciendo por la carretera y le llamó la atención una serie de números en la placa de un auto? Tal vez fue a la tienda y el total en su recibo era una secuencia repetitiva de números. Estos son solo algunos ejemplos de cómo los números angelicales aparecen en los lugares más inesperados y cómo pueden pasar desapercibidos si no prestamos atención. ¿Dónde más puede encontrar estos mensajes angelicales? La verdad es que pueden aparecer casi en cualquier lugar. Algunas personas informan haber visto números angelicales en relojes digitales, como el 11:11 o el 3:33. Otros los ven en vallas publicitarias, números de casas o incluso en patrones de hojas o nubes. Las posibilidades son realmente infinitas, pero aquí están algunos de los lugares más comunes:

1. Relojes digitales

Los relojes digitales son quizás el lugar más común en el que la gente ve números angelicales. No es raro echar un vistazo a su teléfono, computador o reloj y ver números repetidos. A veces, la aparición de números angelicales en los relojes digitales es bastante extraña. Una mujer contó que cada vez que miraba la hora en su reloj digital, la pantalla mostraba el número 444. Incluso después de cambiar la pila, el número se repetía y el reloj seguía mostrando 444.

2. Placas de autos

Las placas son otro lugar inesperado para encontrar números angelicales. Conduciendo al trabajo, haciendo recados o simplemente dando una vuelta a la manzana, esté atento a las placas con números repetidos o secuenciales. Puede parecer una coincidencia, pero ver ciertos números en una matrícula es una señal de sus ángeles de la guarda. Por ejemplo, si está contemplando una decisión importante para su vida y ve repetidamente el número 888 en las placas, puede interpretarlo como un mensaje de sus ángeles de que está en el camino correcto y que su decisión llevará abundancia y prosperidad a su vida.

3. Direcciones de calles y números de casas

Otra forma común en que se encuentran números angelicales son las direcciones de las calles y los números de las casas. Esto se debe a que los números utilizados en estas direcciones son a menudo elegidos al azar. Sin embargo, pueden tener significados importantes para quienes viven allí. Por ejemplo, imaginemos que usted está buscando casa y se encuentra con una propiedad con la dirección 777. Para algunos, esto puede ser un número angelical. A algunos les parecerá simplemente un número bonito y fácil de recordar, pero para quienes creen en el poder de los números angelicales, el triple siete puede representar un mensaje del reino divino. En numerología, el 777 se asocia a menudo con el despertar espiritual, la sabiduría interior y la buena fortuna.

4. Recibos

Los recibos son un lugar sorprendente, pero muy común donde se ven números angelicales. Cuando le dan un recibo después de una compra, es fácil echarle un vistazo rápido y luego desecharlo. Sin embargo, si está abierto a los números angelicales, puede sorprenderse al verlos aparecer en su recibo. Por ejemplo, imagine que va al supermercado y compra unos cuantos artículos por un total de 22,22 dólares. Es posible que al principio no le dé importancia, pero si presta atención, se dará cuenta de que se trata de un poderoso mensaje de sus ángeles. El número 22 se asocia con el equilibrio y la armonía, mientras que la aparición repetida del número 2 amplifica su significado. Esto puede ser un mensaje para que se centre en encontrar el equilibrio en su vida, o puede indicar que todo está trabajando en conjunto para mejorar su bienestar.

5. Números de teléfono

Los números de teléfono son otro lugar donde se encuentran números angelicales. Puede recibir una llamada de un número que termine en 1111 o 2222. Estos dígitos repetidos son una señal de que debe prestar atención al mensaje de la persona que llama. Algunas personas incluso eligen números de teléfono que contienen números angelicales para atraer energía positiva a sus vidas. Por ejemplo, alguien puede elegir intencionadamente un número de teléfono que termine en 8888 porque cree que trae buena suerte. Algunas personas incluso han recibido llamadas de números que no existen. Es el caso de una mujer que recibió varias llamadas de un número que terminaba en 1111. Sin embargo, cuando intentó devolver la llamada, descubrió que no era un número válido.

6. Libros u otros materiales impresos

Los libros y otros materiales impresos también pueden contener mensajes ocultos en forma de números angelicales. Por ejemplo, imagínese que está leyendo una novela y se da cuenta de que el número de página es el 222. Esto puede interpretarse como una señal de que la trama está a punto de dar un giro importante o de que el personaje está a punto de experimentar un momento de transformación. Del mismo modo, los libros de texto y de autoayuda pueden tener ciertas secciones o capítulos a los que el lector debe prestar especial atención. Estas secciones pueden estar marcadas por la aparición de números angelicales, como el 111 o el 555. No solo el contenido puede contener números angelicales, sino también cualquier cosa relacionada con la publicación. Por ejemplo, un libro publicado el 11/11 a las 11:11 puede tener un mensaje especial para el lector.

7. Redes sociales

En la era digital, las redes sociales se han convertido en una parte integral de nuestras vidas y no es de extrañar que los números angelicales aparezcan allí también. Muchos dicen verlos mientras se desplazan a través de Instagram, Facebook o Twitter. Por ejemplo, alguien puede encontrar una publicación con 111 «me gusta» o un tuit retuiteado 444 veces. También puede que vea los números 222 o 555 como hora de un mensaje o notificación. Algunos incluso pueden notar una secuencia numérica específica en el recuento de seguidores de su *influencer* o marca favorita.

8. Vallas publicitarias o anuncios

Los anuncios y vallas publicitarias son otro lugar interesante para detectar números angelicales. Puede que note una valla publicitaria mientras conduce o camina por la calle. Al verla con detalle, se da cuenta de que el número de teléfono o la dirección del sitio web contiene la secuencia de números que ha visto últimamente. Puede ser 111, 222 o cualquier otra secuencia de números. Por ejemplo, puede ver un anuncio de un negocio local con un número de teléfono que termina en 333, o una valla publicitaria con una dirección de sitio web que incluye 444. Estos números pueden interpretarse como un mensaje de los ángeles que le sugiere poner atención en su negocio o en sus productos y servicios.

Reconocer los números angelicales

Reconocer los números angelicales es el primer paso para interpretar sus mensajes. Estos números pueden aparecer en muchas formas y combinaciones diferentes y es esencial ser consciente de ellos. Aquí hay algunos consejos para reconocer y entender los números angelicales:

1. **Preste atención a la repetición:** Una de las formas más comunes en que aparecen los números angelicales es a través de la repetición. Si ve con frecuencia el número 1111 o 2222, es una clara señal de que los ángeles están tratando de comunicarse con usted. Tome nota de cualquier secuencia numérica que se le aparezca continuamente.

2. **Busque secuencias numéricas inusuales:** Los números angelicales pueden aparecer en secuencias de números, incluyendo dígitos triples, dígitos cuádruples o incluso números mezclados. Esté atento a cualquier combinación numérica que llame su atención o parezca fuera de lo común.

3. **Siga su intuición:** A menudo, su intuición lo guía para reconocer números angelicales. Si una secuencia numérica en particular llama su atención, preste atención a cómo se siente cuando la ve. ¿Siente alegría o paz? ¿Siente que es una señal del universo?

4. **Manténgase abierto a las señales:** Los números angelicales pueden aparecer de muchas maneras: a través de los sueños, la música e incluso la rutina diaria. Mantenga la mente abierta y confíe en que los ángeles llegarán a usted de la manera que está destinada.

5. Use su guía interior: En última instancia, la interpretación de los números angelicales es un viaje personal y debe confiar en su intuición y guía interior. Mire dentro de usted en busca de respuestas y deje que su intuición lo guíe hacia la comprensión de los mensajes que los ángeles le envían.

Los números angelicales son muy poderosos si cree en ellos y acepta los consejos que le transmiten. No importa si cree en seres divinos o no; puede considerar que los números angelicales son mensajes del universo. Después de todo, hay pocas dudas de que existe una energía mística universal a nuestro alrededor, digamos *energía kármica*, o cualquier nombre que le parezca razonable. Hay algo innegablemente mágico en la aparición frecuente de ciertos números que hace imposible que se trate de simples coincidencias. Así que, la próxima vez que vea una secuencia repetida, preste atención y descubra lo que significa; nunca se sabe adónde puede conducir.

Capítulo 2: Numerología básica

Los números angelicales no fueron el primer conocimiento de este tipo. De hecho, todo empezó cuando filósofos y teóricos empezaron a prestar atención a las cualidades especiales de los números. Esto explica cómo surgió la numerología, la creencia de que los números tienen un significado importante; si se estudian lo suficiente, pueden revelar los misterios del universo. Para saber por qué los números angelicales tienen tanta importancia, primero se debe conocer la numerología y las teorías asociadas a ella. Esencialmente, la numerología sienta las bases para interpretar el simbolismo y los mensajes únicos que hay detrás de los números angelicales. Al principio, la numerología era practicada por matemáticos que reflexionaban sobre los mensajes ocultos de los números. Tiene profundas raíces en la historia, con aportes de Grecia, Egipto y China.

Este capítulo proporciona una breve introducción a la numerología, explica cómo se originó y los diferentes sistemas de numerología que se han desarrollado desde entonces. Una vez que haya comprendido la numerología, podrá pasar a comprender e interpretar los números angelicales. A diferencia de otros sistemas de numerología que se centran en la información del nacimiento y los signos astrológicos, las secuencias de números angelicales pueden aparecer a cualquier persona en cualquier momento.

¿Qué es la numerología?

El universo tiene un lenguaje propio, uno que habla a través de una serie de números, símbolos y energías. El sistema de comunicación formado por números se conoce como numerología y contiene la clave para desentrañar los secretos del mundo que nos rodea. En esencia, la numerología estudia la relación entre los números y los acontecimientos que se corresponden. Es un lenguaje con una sincronía perfecta en el que todo, desde los patrones de su vida hasta las vibraciones de su nombre, tiene un significado. Puede encontrar su lugar en el universo descubriendo el valor numérico de las palabras, los nombres y los símbolos. En eso consiste la numerología. Cada persona nace con un alma, una esencia eterna no física que está dotada de un nombre único y un simbolismo energético.

Los orígenes de la numerología

La numerología es un tapiz tejido con hilos de sabiduría antigua y conocimientos atemporales. Sus raíces son profundas y se extienden mucho más allá de la aparición del término, hasta el tejido mismo del universo. Aunque la numerología es considerada una ciencia por la mayoría de la gente, en realidad es un sistema de creencias con una rica historia que abarca la totalidad de la existencia humana. Es probable que las teorías y prácticas de la numerología se pusieran en marcha desde el

Pitágoras es considerado el pionero de la numerología[a]

primer momento en que el ser humano empezó a reconocer el poder de los números y las matemáticas. Los primeros en utilizar este concepto fueron los antiguos egipcios. En aquella época, no eran conscientes de que el sistema espiritual que practicaban se desarrollaría hasta convertirse en el vasto campo de la numerología. Pitágoras, el gran matemático y teórico, es considerado el pionero de la numerología.

Las teorías de Pitágoras, especialmente las relativas a los números y las notas musicales, son pioneras y condujeron al desarrollo de una relación directa entre ambos temas. Gracias a sus conocimientos matemáticos, Pitágoras identificó los rasgos de personalidad de las personas basándose en sus fechas de nacimiento y las notas vibratorias correspondientes. Creía firmemente en el poder de los números y sugería que todo en el universo se podía explicar a partir de números. Sus principios se siguen utilizando en la numerología moderna, también conocida como Sistema Numérico Pitagórico.

La palabra «numerología» no se introdujo hasta 1907, pero el concepto y la importancia de los números han estado presentes en todas las religiones y sistemas de creencias desde mucho antes. Los cumpleaños, aniversarios y otras fechas significativas tienen un profundo valor para la mayoría de las personas.

Enseñanzas de Pitágoras sobre numerología

Aunque Pitágoras es comúnmente conocido por la formulación del teorema de Pitágoras, con el que probablemente esté familiarizado desde las matemáticas de la escuela secundaria, sus contribuciones a la numerología son igualmente significativas. De hecho, muchos lo consideran el padre de la numerología occidental. Según Aristóteles, los pitagóricos sentían una reverencia mística por las matemáticas y creían que todas las cosas del universo estaban compuestas por números. Los consideraban un medio para cuantificar el mundo que les rodeaba y una poderosa herramienta para desvelar verdades más profundas sobre la naturaleza de la existencia. Para los pitagóricos, el estudio de la numerología no era una mera búsqueda intelectual, sino profundamente espiritual. Entendiendo las energías vibratorias de los números, buscaban hallar las fuerzas ocultas que gobiernan el universo y utilizar este conocimiento para lograr una mayor comprensión de sí mismos y del mundo.

Una de las enseñanzas más importantes de Pitágoras incluye el concepto del triángulo divino, un símbolo sagrado que se convirtió en piedra angular de la numerología. En el corazón del triángulo divino está el número 3, que representa los tres aspectos del universo: el físico, el intelectual y el espiritual. El triángulo simboliza la armonía y el equilibrio, y cada uno de sus lados y ángulos representa diferentes aspectos de la vida. La base del triángulo representa el mundo físico, con sus posesiones materiales y placeres terrenales. El lado izquierdo representa el mundo intelectual, donde toman forma los pensamientos e ideas. El lado derecho representa el mundo espiritual, donde conecta con su yo superior y lo divino. Otras teorías de las enseñanzas de Pitágoras se explican en la sección de numerología de Pitágoras.

Diferentes sistemas de numerología

La numerología es un vasto sistema de creencias que no se limita a una sola interpretación. De hecho, existen múltiples sistemas numerológicos que se diferencian en cómo utilizan los valores numéricos y las interpretaciones para definir varios aspectos del universo o de los individuos que residen en él. Algunos de los sistemas de numerología más conocidos son:

1. Numerología caldea

Este antiguo sistema de numerología tiene sus raíces en Babilonia. Comprende cálculos matemáticos complejos y una perspectiva única. A diferencia de la numerología pitagórica, este sistema asigna números a las vibraciones producidas por las letras. Según las enseñanzas de este sistema, los números tienen mucho más valor que sus meros valores numéricos. Pueden corresponder a diferentes planetas, cuerpos celestes y energías universales asociadas a la creación de la vida. Los practicantes de la numerología caldea consideran esta práctica una herramienta espiritual y mística.

La numerología pitagórica, a diferencia de la caldea, utiliza un método más directo para asignar números a las letras en función de su ubicación en el alfabeto. Aunque el enfoque pitagórico es más sencillo, algunos practicantes de la numerología consideran que la variante caldea es ligeramente más precisa. La numerología caldea se distingue por dar valores del 1 al 8 a las letras, reservando el número 9 como «sagrado». Sin embargo, si la suma de los valores numéricos de un nombre es 9, se conserva. Además, la numerología caldea exige a los practicantes utilizar el nombre por el que se conoce más comúnmente a una persona, en lugar de su nombre de nacimiento completo.

Por ejemplo, si el actor Michael Douglas utilizara la numerología caldea, se referirían a él como «Michael Douglas» en lugar de «Michael Kirk Douglas», su nombre de nacimiento completo.

2. Numerología india

La numerología india, también conocida como numerología védica, es un sistema de interpretación mística que asigna valores numéricos a las letras del alfabeto sánscrito. Este sistema se basa en la creencia de que cada letra del alfabeto sánscrito tiene una energía vibratoria única que proporciona una visión profunda del reino espiritual y de los misterios de la vida. En la numerología india, a cada letra se le asigna un valor numérico, que va del 1 al 9. Estos valores se utilizan para calcular diversos aspectos de la vida de una persona, como sus rasgos de personalidad, sus puntos fuertes y débiles y su trayectoria vital. Los cálculos suelen basarse en el nombre y la fecha de nacimiento de la persona.

Uno de los principios clave de la numerología india es la idea del karma o la creencia de que las acciones de una persona en esta vida están determinadas por sus vidas pasadas. Es probable que alguna vez haya oído hablar de la energía *kármica*. Según este principio, el nombre y la fecha de nacimiento de una persona no son arbitrarios ni aleatorios. Por el contrario, se calculan en función de su karma pasado y de las lecciones que debe aprender en esta vida. La numerología india también incluye el uso de diversas combinaciones y patrones numéricos, como números repetidos, números dobles y números triples. Se cree que estos patrones tienen un significado especial y proporcionan información sobre el camino espiritual y el destino de una persona.

3. Numerología cabalística

La numerología cabalística, o numerología hebrea, proporciona la interpretación mística que asigna valores numéricos a las letras y palabras hebreas. Este sistema, también centrado en la correspondencia de letras y números, se basa en la creencia de que cada letra del alfabeto hebreo tiene una energía vibratoria única y que puede utilizarse para obtener información sobre los secretos del universo. En la numerología cabalística, a cada letra hebrea se le asigna un valor numérico, conocido como su gematría. La gematría de una palabra o frase se calcula sumando los valores numéricos de las letras que la componen. Por ejemplo, la palabra «*chai*» (que significa «vida» en hebreo) tiene una gematría de 18, porque las letras *Chet* y *Yud* suman 18.

La numerología cabalística también incluye diversas combinaciones y patrones numéricos, como el número 72, que representa los 72 nombres de Dios. La práctica de combinar letras y números de esta forma se conoce como *notarikon*. Otro aspecto de la numerología cabalística es el Árbol de la Vida, un diagrama simbólico que representa el flujo divino de energía a través del universo. Cada una de las diez *sefirot* (o esferas) del Árbol de la Vida está asociada a un valor numérico específico y representa un aspecto diferente de la energía divina.

La numerología cabalística se utiliza sobre todo para la adivinación y la dirección espiritual. Este sistema se basa más en la orientación espiritual que en la lógica numérica. De hecho, solo con mirar la gematría de su nombre o de otras palabras y frases significativas, puede obtener información útil sobre su personalidad. La numerología cabalística también se utiliza en el estudio de la Torá y otros textos hebreos, donde se cree que los patrones numéricos y el simbolismo tienen un profundo significado espiritual.

4. Numerología china

La numerología china se ha utilizado durante más de 4.000 años y difiere significativamente de otros sistemas numerológicos, ya que los chinos creen que los números son naturalmente afortunados o desafortunados. En la cultura oriental, la suerte juega un papel importante y está vinculada a la idea del destino. La numerología china pone mucho énfasis en el sonido de los números, porque hay sonidos que traen buena o mala suerte. Por ejemplo, la palabra china para «uno» suena similar a la palabra en español «honor», que significa la capacidad de una persona de superar obstáculos para alcanzar metas mayores. Por el contrario, el término «cuatro» tiene el mismo sonido que «muerte» en inglés, por lo que el número 4 es un mal presagio que debe evitarse.

Los chinos también creen que existen conexiones mágicas en las combinaciones numéricas. Sostienen que existe un vínculo entre los 12 ríos que fluyen en dirección al reino central y las 12 venas de sangre y aire que recorren el cuerpo. La acupuntura se dirige a 365 partes diferentes del cuerpo, correspondientes a los 365 días del año.

El cuadrado *Lo Shu* es la forma más sencilla de utilizar la numerología china. Este método se basa en el rumor de que el emperador Yu vio una tortuga con nueve cuadrados perfectos en su caparazón cerca de las orillas del río Luo. El cuadrado *Lo Shu* original se denomina «cuadrado mágico» porque, cuando los números se suman horizontal, vertical o diagonalmente, dan como resultado 15. El cuadrado *Lo Shu* tiene nueve casillas, tres filas y tres columnas. Los números pares van en las esquinas, y los impares forman una cruz en las filas vertical y horizontal del medio.

Recientemente, se ha creado una réplica modernizada del cuadrado *Lo Shu* para enseñar numerología china a los occidentales. La Cruz Oculta, una forma mejorada, utiliza menos cálculos intrincados y no requiere años lunares. Las filas de la Cruz Oculta están numeradas del 1 al 9, y se organizan de arriba abajo de la siguiente manera: 3-6-9, 2-5-8 y 1-4-7. Es necesario comprender el significado de las casillas para interpretar el resultado. La fila inferior representa la realidad, la fila central los sentimientos y la fila superior las ideas. De izquierda a derecha, las columnas representan el pensamiento, la volición y la acción, respectivamente.

5. Numerología de Pitágoras

La numerología pitagórica tiene sus raíces en la obra del matemático griego Pitágoras, que creía que los números eran los bloques fundamentales de la construcción del universo. Esta antigua práctica considera que los números tienen propiedades místicas que revelan mucho sobre una persona y el mundo que la rodea. Pitágoras creía que cada objeto tiene una vibración y los números sirven como medida de esa energía. Los números del 1 al 9 representan las nueve etapas de la vida humana y cada número tiene su propio significado simbólico.

La numerología pitagórica ha evolucionado hasta convertirse en un complejo sistema que examina el nombre completo y la fecha de nacimiento de una persona para conocer sus rasgos de personalidad, motivaciones y habilidades inherentes, entre otras. También proporciona una valiosa orientación sobre patrones de vida, tiempos y toma de decisiones. La numerología pitagórica constituye la base espiritual de muchas sociedades secretas y sigue utilizándose como herramienta para el crecimiento personal y el autodescubrimiento.

¿Cómo funciona?

La numerología moderna analiza el nombre completo y la fecha de nacimiento de una persona para conocer sus rasgos de personalidad, sus puntos fuertes y débiles y sus patrones vitales. Se basa en el sistema pitagórico de numerología, que asigna valores numéricos a las letras del alfabeto y utiliza esos valores para calcular los números centrales de una persona. Estos son los pasos para practicar la numerología moderna:

- En la numerología moderna, a cada letra se le asigna un valor numérico (entre 1 y 9) en función de su posición en el alfabeto. Por ejemplo, a la A se le asigna el 1, a la B el 2, a la C el 3, y así sucesivamente.

- Una vez que asigne un valor numérico a cada letra de su nombre de nacimiento completo, sume todos los valores para obtener su número de expresión. Su número de expresión representa sus talentos, capacidades y tendencias naturales.

- Si su número de expresión es un número de dos dígitos, redúzcalo a uno solo sumando los dos dígitos. Por ejemplo, si su número de expresión es 34, sume 3 + 4 = 7. Su número de expresión reducido es el 7.

- Su número de trayectoria vital se calcula utilizando su fecha de nacimiento. Primero, sume el día, el mes y el año de su nacimiento. A continuación, sume los dígitos individuales del resultado para obtener un número de un solo dígito. Por ejemplo, si nació el 1 de enero de 1990, debe sumar 1 + 1 + 1 + 9 + 9 + 0 = 21. A continuación, sume 2 + 1 = 3. Su número de trayectoria vital es el 3.

- Su número de expresión y su número de trayectoria vital son sus números centrales en la numerología moderna. Proporcionan una visión de sus rasgos de personalidad, fortalezas, debilidades y patrones de vida. Muchos recursos en línea pueden ayudarle a interpretar sus números centrales.

Una vez que haya calculado e interpretado sus números centrales, puede utilizar la numerología para obtener orientación en diversas áreas de su vida, como la carrera, las relaciones y el crecimiento personal. Por ejemplo, puede utilizar sus números centrales para identificar sus puntos fuertes y débiles y tomar decisiones que se alineen con sus tendencias y deseos naturales.

Numerología y números angelicales

La numerología y los números angelicales están estrechamente relacionados, ya que ambos se basan en el concepto de que los números portan energía espiritual y se utilizan para comunicar mensajes del reino divino. La numerología proporciona un marco para comprender el significado que hay detrás de estos números angelicales. Son únicos, ya que son mensajes directos del reino divino, mientras que otras prácticas esotéricas de la numerología se centran más en obtener información sobre la personalidad de alguien, su trayectoria vital y los acontecimientos futuros. Los números angelicales no proporcionan lecturas o predicciones personales. Más bien, son una guía y un apoyo del reino espiritual. Otra diferencia es que los números angelicales son a menudo secuencias repetitivas de números, mientras que otros sistemas de numerología se centran en números individuales o combinaciones de números. Por ejemplo, la numerología pitagórica asigna significados a cada número del 1 al 9, así como a los números de dos cifras y a ciertas combinaciones de números.

Por otro lado, existen varias similitudes entre los números angelicales y otras formas de numerología. Por ejemplo, tanto en los números angelicales como en la numerología pitagórica cada número tiene una energía vibratoria única que influye en nuestras vidas. Así como la numerología pitagórica asigna significado a números específicos basados en la energía de su vibración, los números angelicales también tienen significados específicos basados en la energía que portan. Del mismo modo, en la numerología cabalística, a cada letra del alfabeto hebreo se le asigna un valor numérico y las palabras y frases se analizan en función de ese valor. Esta práctica es similar a la interpretación de los números angelicales, ya que ambas implican el análisis de patrones y secuencias numéricas para obtener información y orientación.

Ejercicio de numerología

Para entender mejor cómo funciona la práctica de la numerología, no hay mejor manera que practicarla. Realice este ejercicio de análisis de la personalidad para explorar su yo interior utilizando los conceptos de la numerología. Siga estos pasos:

Paso 1: Determine su número de trayectoria vital

El primer paso es calcular su número de trayectoria vital. Esto se hace sumando todos los dígitos de su fecha de nacimiento y reduciéndolos a un solo dígito. Por ejemplo, si nació el 25 de diciembre de 1990, sumará 1+2+2+5+1+9+9+0 = 29. Luego, sume 2+9=11. Por último, reduzca el 11 a un solo dígito sumando 1+1=2. Por lo tanto, su número de trayectoria vital es el 2.

Paso 2: Comprenda su número de trayectoria vital

Cada número de trayectoria vital tiene un perfil de personalidad único. Por ejemplo, el número 1 en la trayectoria vital es conocido por ser independiente, impulsivo y ambicioso, mientras que el número 2 es conocido por ser sensible, intuitivo y cariñoso. Puede encontrar una descripción detallada de los rasgos de personalidad de cada número de trayectoria vital en Internet o en libros de numerología.

Paso 3: Calcule su número de expresión

Su número de expresión se deriva de su nombre completo. Para calcularlo, asigne un valor numérico a cada letra de su nombre utilizando la siguiente tabla. Luego, sume los números y redúzcalos a un solo dígito.

1 2 3 4 5 6 7 8 9
A B C D E F G H I
J K L M N O P Q R
S T U V W X Y Z

Por ejemplo, si se llama Juan Pérez, sumaría 1+6+5+5+4+6+5 = 32. A continuación, sume 3+2 = 5. Por lo tanto, su número de expresión es el 5.

Paso 4: Comprenda su número de expresión

Al igual que los números de trayectoria vital, los números de expresión tienen características únicas. Por ejemplo, el número de expresión 1 es conocido por ser independiente, seguro de sí mismo e innovador, mientras que el número de expresión 5 es conocido por ser adaptable, versátil y aventurero. Puede encontrar una descripción detallada de los rasgos de personalidad de cada número de expresión en Internet o en libros de numerología.

Paso 5: Interprete sus números

Ahora que tiene sus números de trayectoria vital y de expresión, es hora de interpretarlos. Puede utilizar libros y sitios web de numerología o consultar a un experto en numerología para comprender mejor sus números. También puede utilizar su intuición y reflexionar sobre sus propias experiencias para conectar con los significados de sus números.

La numerología no es solo un sistema de creencias, es una guía espiritual completa para cualquiera que busque orientación en el universo. Al comprender la numerología, aprende cómo los significados simbólicos de los números se relacionan con su vida. Los números angelicales son un área específica de la numerología y, aprendiendo los fundamentos de esta disciplina, puede comenzar a reconocer los significados de estos números angelicales e interpretar sus mensajes. Por eso, aprender todo lo que pueda acerca de la numerología es el primer paso para desentrañar los secretos de los números angelicales y conectarse con el reino espiritual.

Capítulo 3: Interpretación de los números angelicales

Es probable que en algún momento se haya topado con números angelicales y haya sentido que el universo intenta decirle algo. Tal vez una combinación de números aparece repetidamente en su vida. Sabrá con certeza si está frente a números angelicales cuando la aparición de estos números sea repetitiva y ya no parezca una coincidencia. Tal vez usted ya buscó el significado de la combinación de números que vio y llegó a una interpretación. Pero vaya más despacio. Interpretar los números angelicales no es tan sencillo como buscar el significado de una palabra que no entiende. Interpretar estos mensajes divinos es un arte que necesita una mezcla precisa entre intuición y conocimiento.

Cada número angelical tiene un significado profundo que debe identificar[9]

Claro, puede buscar los significados de los diferentes números y sus combinaciones, pero eso es solo arañar la superficie de la profundísima madriguera de los números angelicales. Aprender los significados de las combinaciones de números angelicales es la punta del iceberg, y solo si va más allá de esto podrá interpretar plenamente lo que están tratando de decirle. La verdadera magia sucede cuando interpreta estos números basándose en su perspectiva y experiencias únicas. Su situación, el contexto detrás de su dilema y su posición particular sobre un asunto son elementos que juegan un papel en la interpretación final del mensaje divino. Este capítulo pretende enseñar el arte de interpretar los números angelicales teniendo en cuenta los factores mencionados anteriormente. Pero primero, debe comprender los significados básicos de las secuencias más comunes. Comencemos.

1 - Unidad

El número uno es a menudo visto como el símbolo de la unidad y la totalidad. De hecho, tiene mucho significado espiritual y suele tomarse como una buena señal. Se considera el principio de todas las cosas o el punto de partida de todas las cosas. Según muchas guías de interpretación de números angelicales, la repetición del 1 es representación del apoyo divino. Simboliza una nueva fase de autorrealización o la oportunidad de un nuevo comienzo. Si encuentra este número, ya sea repetido dos, tres o cuatro veces, considérelo una experiencia angelical. Significa que la energía que lo rodea es muy propicia y perfecta para dar pasos saludables hacia adelante. Considérelo una luz verde del universo y pida un deseo, arriésguese, plante una semilla, establezca una intención o cambie un patrón. Ver este número le indica que cuenta con el apoyo de sus ángeles y que el presente está conectado dinámicamente con el futuro.

Por ejemplo, pensemos en una mujer llamada Alicia. Ha mantenido una relación duradera con su pareja, Bob. Últimamente, se siente insegura sobre su futuro y se pregunta si debería continuar o seguir adelante. Imagínese que se encuentra con la secuencia numérica 1111 en todas partes. Está en las placas, en el reloj digital e incluso en el recibo de las compras. En este caso, la secuencia le sugiere que debe seguir adelante con su relación. Tal vez necesite cambiar un patrón o establecer una intención para dar el siguiente paso. Otro ejemplo es el de John, un empresario que planea abrir un nuevo negocio. Aunque es su sueño, hay muchos contratiempos y personas desmotivadoras a su alrededor que le hacen dudar de si está tomando la decisión correcta. Es entonces cuando la secuencia de números angelicales 111 empieza a aparecer por todas partes. En este caso, los números angelicales le dicen que siga adelante con sus planes.

2 - Equilibrio

En muchas culturas, el número 2 es un signo de dualidad, equilibrio, diplomacia y armonía. La idea de dualidad es la razón por la que el 2 se considera un número equilibrado. Refleja el equilibrio entre fuerzas opuestas. Por ejemplo, lo masculino y lo femenino, el yin y el yang, la luz y la oscuridad, todos ellos pares opuestos asociados al número 2. Cuando aparece en un conjunto de 2, 3 o 4 como número angelical, puede indicar que estás en el camino correcto en un área de su vida. Es una confirmación de los ángeles de que va en la dirección correcta y debe seguir avanzando. Aunque puede que no vea resultados en ese momento, considere que está sentando. La aparición de este número también puede ser señal de una asociación armoniosa, ya sea romántica, platónica o profesional. Por lo tanto, debe abrirse a la camaradería, el amor y la confianza siempre que vea este número angelical.

3 - Creatividad y expresión artística

El número tres indica creer en sí mismo, en sus talentos, sabiduría y creatividad. ¿Por qué se asocia este número con la creatividad? Porque a menudo se relaciona con las tres musas de la mitología griega. Estas deidades inspiraban el arte y la creatividad. Este número le dice que debe mantenerse firme y tener claro lo que quiere en la vida. Si aplica sus talentos únicos podrá salir adelante en cualquier situación. La presencia de este número, ya sea en un conjunto de 2, 3, 4 o dentro de un patrón, significa que debe apoyarse en sus habilidades especiales y dones innatos para navegar por sus circunstancias. En respuesta, obtendrá todas las oportunidades y recursos necesarios para avanzar.

Por ejemplo, supongamos que está atravesando un momento difícil en su carrera profesional. Tal vez ha solicitado diferentes trabajos y ha sido rechazado o ignorado una y otra vez. Tal vez empiece a sentirse inútil. Ahora imagine que ve el número 333 por todas partes. Lo ve en su despertador y en su teléfono. En este caso, los ángeles lo están guiando hacia el éxito. Esta secuencia le recuerda que debe seguir intentándolo y aplicar sus habilidades únicas a sus luchas para conseguir el éxito.

4 - Estabilidad y estructura

Como número angelical, significa que debe poner los pies en la tierra o que actualmente está en proceso de hacerlo. Después de lograrlo, puede crear una infraestructura duradera. Esto puede aplicarse a cualquier situación, incluyendo un matrimonio, un hogar o una empresa. Si tiene el 4 como número angelical, no dude en pedir ayuda, especialmente si está trabajando en un proyecto a largo plazo que no puede terminar de forma independiente. Esto también le ayudará a construir una base de confianza que le permitirá alcanzar un mayor éxito. Otro significado del 4 como número angelical, especialmente cuando aparece como 444, es que los ángeles lo apoyan. Las personas suelen ver esta secuencia cuando se sienten mal y necesitan apoyo.

5 - Libertad y aventura

El cinco se asocia a menudo con los cinco elementos del universo: aire, fuego, agua, tierra y espíritu. Simboliza las infinitas posibilidades que ofrece la combinación de los cinco elementos. También se considera un símbolo de libertad personal y de independencia. Cuando este número aparece como secuencia numérica angelical, señala una futura transformación o transición. Algunos cambios importantes pueden acercarse y, en lugar de renegar de los cambios dramáticos por los que va a pasar, debe intentar abrazar el caos si se siente atascado, sofocado o experimenta un bloqueo. Ver esta secuencia cambiará la balanza a su favor. Aunque en el momento puede parecer que no se producen cambios en su vida, estas transformaciones están ocurriendo detrás de escena. Puede que incluso sienta que hay una fuerza invisible que lo empuja hacia estos cambios. Ver un patrón 555 también puede significar que no está solo en los cambios que atraviesa. Este patrón le recuerda que, en última instancia, superará lo que sea que esté afrontando y saldrá fortalecido de ello.

Samantha es una madre soltera que lleva años estancada en un trabajo en el que no puede crecer. Lucha para llegar a fin de mes y mantener a su hijo. Un día, se da cuenta de que el número 555 aparece repetidamente en su reloj, en su teléfono e incluso en sus redes sociales. La secuencia le indica que la transformación y el cambio están cerca.

Motivada, lo toma como una señal para dar un salto de fe y perseguir el sueño de montar su propio negocio. Con la guía de los ángeles y sus habilidades, alcanza sus objetivos.

6 - Amor incondicional

Seguro que ha oído hablar erróneamente de que el número seis se asocia con el diablo u otras figuras malignas. Sin embargo, como número angelical, la secuencia 666 significa que los ángeles lo apoyan y empatizan con su situación. De hecho, el número 6 representa la belleza, el equilibrio y la conexión con la tierra. Su energía es estable y nutritiva. Por esta razón, este número angelical debería provocarle sentimientos de consuelo y alivio. Si lo ve, recuerde tratarse con amabilidad, compasión y comprensión. Esta secuencia también le recuerda que, aunque las cosas no salgan como las planea, con la guía de los números angelicales y el apoyo divino todo sale bien. También puede ver este número si está tratando de traer paz, equilibrio y estabilidad a un área de su vida, ya sea su carrera, su familia o sus finanzas. Este número también le anima a darse un respiro y a no trabajar demasiado. También puede indicarle que debe desprenderse de cosas que no le sirven y que pueden estancarlo.

7 - Intuición y espiritualidad

Todo el mundo sabe que el 7 es un número de la suerte, especialmente cuando aparece como número angelical. También suele estar relacionado con la espiritualidad y puede aparecer cuando se centra en ella o incorpora nuevas prácticas a su vida. Este número está relacionado con la guía divina. Se trata de servir al mundo y honrar el concepto espiritual que lo une al mundo. Cuando ve este número repetidamente, es una señal de que está creciendo espiritualmente. Le transmite que debe permanecer en este camino. Ver esta secuencia numérica también es una señal de buena fortuna en el futuro, especialmente en el aspecto financiero.

8 - Abundancia y manifestación

El número ocho es uno de los números más divinos. Se dice que es incluso más afortunado que el número siete, especialmente en el aspecto financiero. El ocho también se conoce como el número angelical de la abundancia y le indica que el universo le va a enviar más en términos profesionales, románticos o de salud. Si tiene abundancia de algo en su vida, como dinero, amor o tiempo, distribúyalo y probablemente será recompensado con más. Para las personas que creen en la vida después de la muerte, este número angelical indica que sus seres queridos están velando por ellos y apoyándolos.

9 - Finales y nuevos comienzos

El nueve es el último dígito de la numerología y, por lo tanto, simboliza el final de un capítulo de la vida. La vida es cíclica y todo debe llegar a su fin. Si ve repetidamente el 9 como secuencia numérica angelical, puede significar que un viaje significativo está terminando. Esto puede incluir buenas y malas experiencias. Este número le recuerda que debe dejar ir las cosas para que sigan su curso en lugar de aferrarse a ellas. Aunque puede ser difícil al principio, pronto descubrirá por qué era importante poner fin a algo. Si ve este número angelical, debe saber que es un buen momento para salir de su zona de confort, explorar nuevas oportunidades y expandir sus horizontes.

Números espejo

Los números espejo pueden llamarse el Yin y el Yang de la numerología, porque representan el equilibrio y la simetría definitivos entre dos opuestos. Pero, ¿qué son exactamente? Los números espejo son secuencias numéricas de 3 o 4 cifras que son iguales cuando se leen al revés. Por ejemplo, 121, 353, 1001, 1551, etc. ¿Nota cómo la secuencia es la misma al revés? ¿Por qué son importantes los números espejo? Son un tipo especial de secuencia numérica angelical que simboliza una conexión entre el mundo espiritual y el físico. Son un recordatorio de que todo está conectado y de que somos un reflejo del mundo que nos rodea.

Para interpretar los números espejo, debe consultar los significados de cada uno y luego llegar a una interpretación combinada para la secuencia. Por ejemplo, si ve que la secuencia numérica 1001 se le aparece por todas partes, tenga en cuenta los significados del 1 y del 0. El número 1 refleja la oportunidad de empezar de nuevo, mientras que el cero representa la totalidad y la espiritualidad. Por lo tanto, puede que esta secuencia numérica signifique una nueva oportunidad que aparece ante usted por dejarse guiar por su espiritualidad. Algunas secuencias comunes de números espejo son:

- **01:10** - esta secuencia sugiere que hay una página en blanco, lista para nuevos comienzos en el amor o en otro aspecto. Tiene la oportunidad de empezar de nuevo en un área de su vida.
- **02: 20** - esta secuencia indica una buena carrera o una oportunidad lucrativa en el futuro.
- **05:50** - esta secuencia de números espejo representa la aventura.
- **10:01** - este es uno de los números espejo más mágicos. Si lo encuentra, pida un deseo.
- **12:21** - esta secuencia sugiere que debe ser más cuidadoso y consciente de sus acciones.
- **13:31** - esta secuencia es un recordatorio de que debe ser consciente de las oportunidades que se le presentan.
- **14:41** - este poderoso número espejo señala la llegada del amor y la pasión.
- **15:51** - esta secuencia sugiere que está en el lugar adecuado y que debe escuchar su intuición y seguir adelante.

Interpretación personal

¿Por qué es tan importante la interpretación personal cuando se trata de números angelicales? Bueno, piénselo de esta manera: Los números angelicales son como copos de nieve y no hay dos interpretaciones exactamente iguales. ¿Por qué? El contexto importa mucho, así como el momento del avistamiento, el estado de ánimo de la persona y los pensamientos que tenga en mente.

Pensemos en dos personas que han visto la secuencia numérica 444 durante varios días seguidos. La primera persona, que acaba de perder su trabajo, está preocupada y desesperada. Para esta persona, la aparición del número 4 es un recordatorio de que pronto alcanzará la estabilidad. También puede ser una señal de que los ángeles velan por esta persona, dándole esperanza y consuelo.

La segunda persona ve el mismo número mientras está de vacaciones en un paraíso tropical. Se siente relajada y despreocupada, por lo que esta secuencia de números angelicales les recuerda que debe mantener los pies en la tierra y centrarse. En este contexto, la aparición del número 4 es una afirmación reconfortante de que está exactamente donde debe estar.

El proceso de interpretación de la misma secuencia puede variar, dado que se trata de un proceso profundamente personal y cada persona tiene interpretaciones diferentes.

Consejos para interpretar los números angelicales

Entonces, ¿cómo interpretar un número angelical que ve por todas partes? Hay algunos pasos que puede seguir para interpretar los mensajes divinos que le envían.

1. Concéntrese en sus pensamientos

Antes de descubrir los significados de los números que se le aparecen, considere sus pensamientos. Los significados de las secuencias de números angelicales pueden parecer genéricos e incluso vagos si no tiene en cuenta sus pensamientos y sentimientos. Así que tómese un momento para reflexionar sobre sus emociones y lo que está pensando. ¿Qué pensamientos lo ocupan o qué emociones ha sentido últimamente? Estas son preguntas que debe hacerse antes de interpretar el significado de los números.

2. Considere el contexto

El contexto de una situación es lo que determina su interpretación. Si no tiene en cuenta la situación en la que se encuentra cuando ve números angelicales, la interpretación será incompleta e inútil. Considere el contexto, las circunstancias y la situación en la que se encuentra. Tal vez está contento con una nueva relación o confundido por empezar una. Tal vez está empezando un proyecto y tiene dudas al respecto. Cualquiera que sea la situación, los números angelicales deben guiarlo a través de ella y, por lo tanto, debe considerar el vínculo entre los números y la situación.

3. Considere las combinaciones

Las secuencias de números angelicales pueden aparecer en combinaciones dobles, triples y de cuatro dígitos. ¿En qué se diferencian sus significados? ¿Qué diferencia hay entre 333 y 3333? ¿Cambia el significado, o simplemente se amplía? Los dígitos triples son números de poder, mientras que los de cuatro cifras representan la iluminación y la necesidad de confianza. Sí, los conjuntos de cuatro dígitos son más poderosos que las secuencias de tres dígitos. Por lo tanto, tenga en cuenta este factor antes de interpretar los significados de estas secuencias. También puede encontrarse con un número espejo o con secuencias de números como 2323. En esos casos es cuando debe combinar los significados como se enseñó anteriormente.

4. Lleve un diario

Una de las mejores maneras de interpretar las secuencias de números angelicales es llevar un diario. Anote todas las consideraciones y respuestas que se le ocurran. Rastree cualquier patrón o tema que sea consistente con los números angelicales que ve. Por ejemplo, si observa números angelicales relacionados con la creatividad, anote todas las iniciativas creativas en las que participe. Escriba el contexto, sus pensamientos en el momento y cualquier otra cosa que considere relevante.

5. Confíe en su intuición

Por último, pero no menos importante, confíe en su intuición. Es una herramienta poderosa, especialmente cuando se trata de interpretar los números angelicales. Si una secuencia numérica le habla, considere su significado y su situación particular. A continuación, haga la interpretación que su intuición le indique, aunque no parezca una gran idea en ese momento.

La interpretación tiene que ver con su interior, su luz guía, sus pensamientos, sus sentimientos y su intuición. Su intuición debe desempeñar un papel fundamental en el resultado de su interpretación. Como dijo Paulo Coelho: «La intuición es en realidad una inmersión repentina del alma en la corriente universal de la vida». Confíe en su intuición y deje que la corriente universal de la vida lo guíe hacia la comprensión de los mensajes ocultos de los números angelicales. Recuerde que la interpretación de los números angelicales es un proceso profundamente personal y que lo mejor es que lo haga por su cuenta. Después de todo, es único para cada persona, y ¿quién mejor para entenderlo que usted mismo? Sin importar si ve conjuntos dobles, triples o de cuatro dígitos, el significado detrás de las secuencias y combinaciones de números angelicales nunca será blanco o negro.

Capítulo 4: Otros signos de la presencia angelical

Los ángeles están a su alrededor, protegiéndolo, guiándolo y enseñándole. Constantemente están enviando mensajes, pero la mayoría de las veces la gente no se da cuenta de las señales y piensa que son producto del azar. Sin embargo, nada es aleatorio. Mantenga los ojos y el corazón abiertos y descubrirá los mensajes que está destinado a recibir.

Los ángeles siempre están a su alrededor. Una vez que sea consciente de las señales, le resultará más claro[4]

Este capítulo habla de varios signos y símbolos angelicales y sus significados.

Acontecimientos inesperados

Se toma un día libre en el trabajo porque debe ir al banco. Antes de llegar a su destino, su cuñada lo llama para decirle que su hermano tuvo un accidente y que está en el hospital. Rápidamente se dirige hacia allí y comprueba que su hermano está bien. Solo tiene un par de magulladuras y ninguna herida grave. Se siente aliviado, pero es demasiado tarde para ir al banco y no sabe qué hacer. Mira su celular y encuentra varias notificaciones de aplicaciones de noticias: hubo un tiroteo en el banco y nueve personas resultaron heridas. Se siente conmocionado, no puede creer lo que ha pasado. Usted habría podido estar ahí. Siente alivio. Por extraño que parezca, el accidente de su hermano le ha salvado la vida.

Seguramente ha vivido situaciones similares, en las que un acontecimiento inesperado ha cambiado sus planes y más tarde ha resultado una bendición. No se trata de una mera coincidencia; es la presencia de los ángeles en su vida, protegiéndolo de cualquier daño. A veces, los ángeles crean acontecimientos inesperados para empujarlo hacia algo que lo beneficiará o para alejarlo del peligro. Recuerde que los ángeles no pueden interferir directamente en su vida, ya que los humanos tenemos libre albedrío. Solo envían símbolos, esperando que los interprete y tome la decisión correcta.

Coincidencias

Una coincidencia es una serie de acontecimientos sorprendentes y significativos que no parecen estar conectados, pero que en realidad están relacionados. Lo que parecen sucesos insignificantes o aleatorios pueden tener un significado mayor y más profundo detrás.

Por ejemplo, lo despiden del trabajo. Aunque nunca le gustó y siempre quiso hacer otra cosa, está disgustado porque necesita el trabajo. Un día va a comprar algo y se da cuenta de que abrieron un gimnasio cerca de su casa. Decide inscribirse. Va todos los días, menos los sábados. Se resfría y está enfermo durante toda una semana. El sábado empieza a sentirse mejor, así que va al gimnasio. Allí, se encuentra con un viejo amigo de la universidad. Mientras se ponen al día, le cuenta que hace poco se quedó sin trabajo. Su amigo exclama: «¡Qué casualidad! Estamos buscando a alguien. ¿Por qué no vienes a una entrevista?». Una semana después, tiene un nuevo trabajo.

Fíjese en todas las coincidencias de esta historia. Primero lo despiden, luego decide inscribirse al gimnasio, pero se resfría y cambia de horario. Luego se encuentra con un viejo amigo que le ofrece un trabajo. Estos hechos no son meros accidentes, sino la obra de los ángeles para acercarlo al trabajo de sus sueños. Observe su vida, se dará cuenta de que muchos acontecimientos pequeños y sencillos lo han llevado a cosas mejores. Confíe en el proceso. Los ángeles siempre velan por sus intereses.

Destellos de luz

Los ángeles están hechos de luz, así que tiene sentido que envíen destellos o centellas para informar de su presencia. Cuando hay uno cerca, de repente puede ver una fuerte luz con el rabillo del ojo o experimentar visiones de destellos o brillos. Si puedes ver estos destellos incluso con los ojos cerrados, hay un ángel a su lado. Respire profundo y permanezca en el momento presente. Sienta la luz angelical a su alrededor y deje que se eleve y lo cure.

Esta luz puede tener diferentes colores, dependiendo de los ángeles que se comunican con usted. También puede significar que velan por usted y lo protegen.

Cada ángel tiene su propia luz, pero la luz blanca es un símbolo de que su ángel de la guarda le está enviando un mensaje o quiere llamar su atención.

Colores de los ángeles

- **Arcángel Rafael:** Verde
- **Arcángel Miguel:** Azul
- **Arcángel Uriel:** Rojo
- **Arcángel Zadkiel:** Morado
- **Arcángel Chamuel:** Rosado
- **Arcángel Jofiel:** Amarillo

Cada color también tiene un significado.

- El púrpura y el azul simbolizan que está agotado y necesita un descanso para relajarse.
- El verde simboliza el poder.
- El naranja simboliza el optimismo.

Descargo de responsabilidad: Los destellos en su visión pueden ser el resultado de una condición de salud. Consulte a su médico siempre que experimente esta sensación. Si no hay ninguna condición médica, puede ser una señal de su ángel de la guarda.

Sensaciones corporales

Cuando un ángel está cerca de usted, a menudo también le genera sensaciones físicas. Son señales de su presencia y de que quiere comunicarse con usted. Experimentará un hormigueo justo encima de la cabeza, en la zona llamada «la coronilla». Esa zona está conectada con los halos de los ángeles. También puede sentir un suave toque en la mano o una ligera caricia en el pelo, sobre todo cuando está triste, deprimido, asustado o pasando por un momento difícil. Los ángeles vienen a consolarlo y a hacerle saber que no está solo y que siempre están ahí para usted. También experimentará estas sensaciones mientras reza o medita, porque en esos momentos su mente está despejada y puede ver y sentir las cosas a un nivel espiritual.

La presencia de un ángel con su amor y energía positiva produce escalofríos, piel de gallina o una sensación de calidez. Le envía estas señales para llamar su atención sobre algo, para confirmar sus pensamientos y sentimientos o como señal de que está en camino hacia algo grande. Por ejemplo, si experimenta escalofríos en una cita, puede ser señal de que está con la persona adecuada para usted. Si experimenta escalofríos durante una entrevista de trabajo, significa que tiene un gran futuro en ese lugar.

Aromas

¿Ha experimentado alguna vez un olor dulce o una fragancia agradable de frutas, flores, un perfume o su comida favorita? El olor surge de la nada sin ninguna explicación razonable. Se trata de un ángel que intenta comunicarse con usted. Si el olor le es familiar, como el perfume de su difunto abuelo, significa que el ángel está con su espíritu. Los ángeles a menudo se acercan a usted con aromas que le traen recuerdos cálidos y amorosos para hacerlo sentir bien.

Monedas

Las monedas son símbolos de que el universo va a recompensarlo por sus buenas acciones

Los ángeles le envían monedas para hacerle saber que sus finanzas están a punto de mejorar y que el universo lo recompensará por todas sus buenas acciones. Puede encontrar monedas en una chaqueta vieja, en la calle, en su casa o en cualquier lugar inesperado. Si encuentra once centavos, considérese afortunado, ya que es el número angelical más significativo. Esto puede significar que algo grande está a punto de suceder. Una moneda también puede llevar otros mensajes, así que observe todos sus detalles, como el año y el material, y podrá encontrar las respuestas que busca. Siempre que encuentre una moneda, alégrese y agradezca a los ángeles porque su vida está a punto de mejorar.

Plumas

Las plumas blancas son mensajes de los ángeles y a menudo las utilizan para decirle que están cerca o para llamar su atención. Siempre que se sienta perdido o solo, su ángel de la guarda le enviará un mensaje de amor y esperanza para que sepa que todo irá bien. Los ángeles son conscientes de sus luchas y escuchan sus plegarias. Entienden que necesita tranquilidad y quieren que sepa que están a su lado y que siempre lo protegerán. Si está a punto de rendirse en algo, la pluma puede ser una señal para que siga adelante porque las cosas están a punto de mejorar.

Normalmente, encontrará las plumas en lugares aleatorios e inesperados como su casa, su bolso, su auto o el piso de su oficina.

Mensajes a través de las personas

A veces, los ángeles le envían mensajes a través de otras personas que ni siquiera son conscientes de ello. Estas personas pueden ser sus amigos, familiares o completos extraños, como un camarero en un restaurante. Pueden decirle algo que quiere oír, especialmente si está luchando con una decisión o un problema y busca orientación.

Imagine que va caminando por la calle con la cabeza llena de pensamientos. De repente, una señora mayor pasa a su lado y le sonríe diciendo: «Saldrás de ésta». Puede pensar que se trata de un incidente fortuito o que esa mujer está loca, pero en realidad es un mensaje tranquilizador que su ángel de la guarda le envía para aliviar sus preocupaciones.

Los ángeles también envían advertencias para alejarlo de un camino peligroso. Por ejemplo, piensa castrar a su gato, ya encontró un veterinario y pidió una cita. Su hermana lo visita un día antes de la operación y le cuenta que el gato de su vecino falleció mientras lo esterilizaban por un error del veterinario. Le dice el nombre y usted se da cuenta de que es el mismo veterinario que va a esterilizar a su gato. Rápidamente cancela la cita y busca otra clínica. Los ángeles le envían a su hermana para advertirlo del veterinario y proteger a su mascota.

Voces

Escuchar una fuerte voz incorpórea significa que se acerca una desgracia, por lo que debe tener cuidado. Por ejemplo, está a punto de cruzar la calle y oye una voz fuerte que le dice que se detenga. Da un paso atrás y un auto pasa rápidamente. Si no hubiera oído la advertencia, lo habrían atropellado.

Sin embargo, no todos estos mensajes son negativos. Algunos pueden ser positivos. Muchos trabajadores sanitarios que pasan tiempo con pacientes al final de sus vidas cuentan que oyen las palabras «gracias» varias veces justo antes de que sus pacientes mueran. Puede tratarse de un ángel dándoles las gracias por su sacrificio y por ayudar a otros en una etapa crítica de sus vidas.

Descargo de responsabilidad: Oír voces también puede ser consecuencia de un trastorno mental. Consulte a su médico siempre que experimente esta sensación. Si no hay ninguna condición médica o de salud mental, puede ser una señal de su ángel de la guarda.

Sueños

Los ángeles prefieren aparecerse a las personas en los sueños, ya que es la forma más fácil de llegar a ellos y pueden enviar todo tipo de señales y símbolos. Cuando está despierto y ve una señal o escucha una voz, puede cuestionar su validez. En cambio, en el mundo de los sueños todo es posible y las personas son más receptivas a los mensajes. Su ángel de la guarda puede advertirle de un acontecimiento terrible que sucederá en el futuro, como un accidente de avión o de auto o una enfermedad. También puede recibir premoniciones inquietantes sobre el futuro. Saber que algo terrible está a punto de suceder o que usted o un ser querido están en peligro es desconcertante y puede causarle mucha ansiedad. Sin embargo, los ángeles no quieren que se angustie. Quieren que tome las precauciones necesarias para protegerse.

Muchos supervivientes de sucesos terribles, como accidentes aéreos, declaran que tuvieron pesadillas antes del incidente. Preste atención a sus sueños y si lo hacen sentir fatal al despertarse, considérelos advertencias de los ángeles y piense bien antes de actuar o tomar cualquier decisión.

Sensación incómoda en el plexo solar

El plexo solar es el tercero de los siete chakras y está situado en la zona del tronco. Los ángeles utilizan esta zona del cuerpo para enviarle señales de advertencia, ya que es muy sensible y puede sentir fácilmente cualquier cambio u hormigueo en ella. Puede sentir malestar, opresión, náuseas o mariposas. A menudo, experimenta esta sensación visceral cuando algo no le parece bien. Preste atención a su cuerpo y nunca ignore estas sensaciones. Cuando experimente algo, manténgase alerta.

Supongamos que tiene una entrevista de trabajo y en cuanto llega a la empresa siente una opresión en el estómago. Eso puede ser señal de que no es el lugar adecuado para usted. También puede sentir náuseas o escalofríos ante determinadas personas. Eso significa que no son buenas personas y que no tienen en cuenta sus intereses, por lo que debe tener cuidado siempre que estén cerca.

No se asuste por estas advertencias; su finalidad es orientarlo y alertarlo sobre personas, lugares y acontecimientos negativos.

Descargo de responsabilidad: El malestar o la opresión en la zona del pecho o la sensación de náuseas pueden ser síntomas de un problema de salud. Consulte a su médico siempre que experimente esta sensación. Si no hay ninguna condición médica, puede ser una señal de su ángel de la guarda.

Problemas con el auto o retrasos

Los ángeles a menudo utilizan problemas inexplicables con el auto para llamar su atención, enseñarle una lección o mantenerlo alejado de cualquier daño. Solo quieren retrasarlo durante unos minutos u horas hasta que pase el peligro. Por ejemplo, va de camino al aeropuerto, pero su auto se avería y se retrasa veinte minutos. Cuando llega, se da cuenta de que ha perdido el vuelo. Se enfada y se frustra. Sin embargo, más tarde se entera de que el avión se estrelló y no hay sobrevivientes. Su ángel de la guarda solo lo retrasó para salvarle la vida. No se enfade cuando pierde una oportunidad, siempre hay un significado oculto o una bendición detrás.

Canciones

Los ángeles utilizan canciones recurrentes para llegar a usted y enviarle mensajes específicos. Por ejemplo, la radio pone la misma canción todos los días de camino al trabajo. Incluso cuando pone música aleatoria en Spotify, escucha constantemente esa misma canción. Si alguna vez le ha ocurrido esto, escuche atentamente la letra y fíjese en el tema, ya que puede tener un significado detrás. Las canciones pueden tranquilizarlo, reafirmar sus sentimientos o hacerlo sentir mejor, sobre todo si está pasando por una situación difícil. Va en un Uber y está pensando si terminar con su novio cuando suena la canción «*Get Another Boyfriend*» de los Backstreet Boys. Esta letra llama su atención: «*Now this must come to an end, get another boyfriend*» (Esto debe llegar a su fin ahora, consigue otro novio). Algunas letras pueden ser directas, mientras que otras proporcionan pistas relacionadas con su experiencia.

Temperatura

Si siente un cambio en la temperatura de su cuerpo, es probable que esté rodeado de ángeles. Puede que sienta presión en la nuca, un cosquilleo en la cabeza, escalofríos o frío. También puede sentirse rodeado por una luz cálida. Estas sensaciones no deben asustarlo, a menudo pueden parecerle una experiencia normal. Se siente seguro porque está en presencia de ángeles.

Arco iris

Cuando la gente presencia un arco iris, siempre siente la presencia de algo mágico. Este hermoso fenómeno natural se asocia con los ángeles. Su ángel de la guarda puede enviarle mensajes de amor, apoyo y esperanza siempre que se sienta desconectado del universo o cuando las cosas no van como quisiera. Quiere abrirle los ojos a la belleza de la naturaleza y recordarle que hay mucho en la vida por lo que vivir y disfrutar. El arco iris es siempre un símbolo de belleza y positividad.

Zumbido en el oído derecho

Los ángeles a menudo se comunican haciendo sonar la oreja derecha. Esto se debe a que está conectada con el mundo espiritual. Recibir un mensaje en esta oreja seguramente llamará su atención. Si el zumbido es largo y agudo, los ángeles quieren que sepa que están con usted y que lo guiarán en sus esfuerzos futuros. Un timbre corto, fuerte y repentino suele ser una advertencia. Su ángel de la guarda está preocupado por usted y quiere que reevalúe su vida. Tal vez esté a punto de tomar una mala decisión y los ángeles quieren que vaya más despacio y se tome su tiempo.

Descargo de responsabilidad: Un zumbido en el oído derecho puede ser consecuencia de un problema de salud. Consulte a su médico siempre que experimente esta sensación. Si no hay ninguna condición médica, puede ser una señal de su ángel de la guarda.

Nubes

Mire al cielo. Puede haber un mensaje para usted en las nubes. Pase tiempo en la naturaleza, siéntese en silencio y observe las nubes. Puede ver formas o símbolos como flores, corazones o números. Son mensajes positivos enviados para animarlo y apoyarlo. Puede que encuentre una forma que le llame la atención o que esté relacionada con sus luchas o experiencias actuales. Supongamos que está pensando pedirle matrimonio a su novia o no y ve un corazón en la nube. Eso indica que declararse es la decisión correcta.

Mensajes directos

Algunas señales pueden ser claras y directas y aparecer en forma de texto. Libros, carteles en vallas publicitarias, anuncios o blogs pueden dar respuestas a preguntas que ha estado meditando. Por ejemplo, un libro cae de su estantería y se abre en una página concreta. Cuando la lee, descubre que se trata de un pasaje relacionado con algo importante en su vida. Si ve el mismo texto en varios lugares, puede ser un mensaje sobre el que vale la pena reflexionar.

Llamadas telefónicas

Está sentado viendo televisión y le viene a la mente un viejo amigo del colegio. De repente, suena el teléfono y es ese amigo. Esto no es una coincidencia o un incidente al azar. Su ángel de la guarda ha hecho que esta persona lo llame porque lo puede aconsejar sobre un tema de actualidad o simplemente necesita a esa persona en su vida.

Mascotas y bebés

Los animales y los bebés son capaces de ver el mundo espiritual. ¿Alguna vez ha visto a su mascota siguiendo algo invisible o a su bebé sonriendo sin motivo? Probablemente estén mirando a un ángel.

Animales

Muchos animales, como las libélulas, las mariposas, los petirrojos y los colibríes, están conectados con los ángeles. Si se encuentra al azar con alguno de ellos, puede ser un mensaje de su ángel de la guarda. Ver un petirrojo en un lugar inesperado puede significar que el espíritu de un ser querido descansa en paz y está en un lugar mejor.

Intuición fuerte

Siempre que esté en presencia de un ángel, se sentirá más vivo. Todo a su alrededor se verá más hermoso y colorido y su intuición se agudizará. Su intuición siempre es correcta y tiene la capacidad de sentir las emociones de los demás y empatizar con ellos.

No está solo

¿Alguna vez ha sentido que no está solo y que hay alguien en la habitación con usted? Tal vez sienta que alguien está sentado a su lado en el sofá o acostado junto a usted en la cama. Sin embargo, esto no le molesta ni lo asusta. La presencia de un ángel hará que se sienta querido, seguro y cálido. A menudo experimentará esta sensación cuando se sienta incomprendido, aislado o estresado. Su ángel de la guarda quiere que sepa que nunca está solo y que él siempre camina a su lado.

Es amado, apoyado, guiado y nunca está solo. Estos son los mensajes más comunes que los ángeles quieren transmitir. Su ángel de la guarda nunca lo abandona. Seguirá enviándole símbolos y señales para ayudarle en todos los aspectos de su vida.

Cada símbolo que le envían tiene un significado, pero solo usted puede descifrarlo. Piense en ellos en el contexto de sus experiencias personales y seguramente encontrará las respuestas que busca.

Capítulo 5: Símbolos y sellos angelicales

Dado que este libro abarca en gran medida el simbolismo, los símbolos angelicales son inevitables. Este capítulo presenta los símbolos y sellos de una variedad de ángeles (con especial énfasis en los arcángeles). También proporciona varios ejercicios como meditaciones, oraciones y otras prácticas espirituales relacionadas con los símbolos y sellos angelicales.

¿Qué son los símbolos, signos y sellos angelicales?

Muchas personas ven los signos y símbolos angelicales para identificar si un ángel se está comunicando con ellos y cómo lo está haciendo. Sin embargo, también son muy útiles si desea llamar a un ángel y conectarse con él. Como seres espirituales, los ángeles actúan como mensajeros entre las personas y entidades de un nivel espiritual superior. Por ello, necesitan medios de comunicación específicos, un lenguaje de símbolos único. Si busca ayuda para resolver un problema, obtener consuelo o recibir orientación para seguir adelante con su vida, los símbolos y los sellos angelicales pueden ayudarle a transmitir su mensaje. Se recomienda trabajar con el simbolismo angelical junto con ejercicios de atención plena y técnicas que potencien el crecimiento espiritual. Si nota que un símbolo o signo específico aparece a su alrededor, puede descifrar su significado a través de la meditación, la atención plena y los ejercicios de crecimiento.

Los sellos y símbolos angelicales representan a una entidad o fuerza asociada a ellos. Son patrones simples que representan intenciones o nombres específicos. El sello de un arcángel también se considera su firma, ya que estos seres se especializan en formas específicas de ayuda. Los sellos de los arcángeles no solo se derivan de las letras de los nombres de las entidades que representan, sino que también suelen parecerse a un monograma.

Símbolos asociados a los ángeles

He aquí una lista de algunos ángeles conocidos y sus símbolos asociados.

Arcángel Miguel

El arcángel Miguel es un guerrero; muchos de sus símbolos indican protección y guía[6]

Como líder de todos los arcángeles, Miguel es representado como un guerrero de la luz. Sus símbolos incluyen:

- **Una espada:** Representa el corte de las ataduras del mal y la protección contra el daño. También expresa fuerza y coraje.
- **Objetos personales de empoderamiento:** El ángel puede guiarlo en su camino hacia el éxito con muchas herramientas. Puede utilizar cualquier herramienta que represente para usted fuerza, protección, integridad, valor o éxito.
- **Dinero:** Empoderamiento financiero y seguridad.
- **Puertas y encrucijadas:** Como el ángel más poderoso, Miguel puede protegerlo y abrirle cualquier puerta.
- **Una lanza:** Tiene un significado similar al de la espada. Le da fuerza espiritual, valor y protección. También le ayuda a superar dificultades o a encontrar una nueva dirección para su vida.
- **Cinta roja:** Se suele representar encima de la espada o la lanza, pero también puede aparecer sola. Le da poder espiritual a usted o a sus herramientas.

Arcángel Uriel

A menudo se dice que es el más sabio de todos los arcángeles, Uriel es conocido por su brillante intelecto. También sirve como fuente de inspiración, ayuda a resolver problemas urgentes y potencia sus habilidades mágicas.

Uriel es simbolizado por:

- **Luz:** El ángel es conocido como el príncipe de la luz y su brillo ilumina el camino hacia una vida feliz y plena. La luz de las velas es el símbolo más conocido de Uriel.
- **Una balanza:** Este elemento denota que Uriel ayudar a resolver dilemas y a encontrar las respuestas adecuadas para cuestiones morales o espirituales difíciles.
- **Objetos personales que invoquen la alegría:** Con la herramienta adecuada, Uriel le ayuda a encontrar la alegría en la vida. Puede utilizar cualquier cosa que le aporte felicidad.

- **Herramientas de adivinación:** Al ser un ángel sabio, Uriel proporciona ideas transformadoras durante la adivinación. Puede usarse cualquier herramienta que ayude a obtener información sobre el pasado, el presente o el futuro.
- **Herramientas para la iluminación espiritual:** Los objetos que utiliza para la iluminación espiritual también pueden representar a Uriel.
- **Una espada:** A veces, Uriel es representado con una espada. Indica que ayuda a tomar decisiones urgentes y a resolver problemas.

Arcángel Rafael

El más bondadoso de todos los ángeles, el arcángel Rafael es un ser increíblemente gentil que puede sanar su mente, cuerpo y alma. También conocido como el ángel de la providencia, ayuda a ahuyentar la ansiedad y la depresión y a superar la desesperación, incluso en los momentos más difíciles.

Rafael es simbolizado por:

- **Objetos que representan el amor propio:** Puede utilizar estos objetos para recordar sus puntos fuertes y sus valores.
- **Recipiente de alabastro:** Indica la capacidad de Rafael para curar o atenuar los traumas que le afectan a usted o a sus seres queridos. Puede utilizar cualquier tipo de recipiente que contenga medicinas.
- **Animales heridos o curados:** Rafael también es bondadoso con los animales y una gran manera de conectar con él es utilizar animales que necesitan curación o que sanaron recientemente.
- **Objetos que representen seguridad personal:** Rafael ayuda a mantenerlo a salvo durante viajes y aventuras arriesgadas.
- **Donaciones:** Devolver a la comunidad también es una excelente manera de construir una conexión con este arcángel.

Arcángel Gabriel

El arcángel Gabriel está relacionado con la comunicación, la pureza y la protección de su espacio. Ayuda a limpiar los pensamientos, emociones y acciones resultantes.

Gabriel es simbolizado por:

- **Una trompeta:** Representa la voz divina y los mensajes que llevan buenas noticias y prometen cambios para mejor.
- **Libros y literatura:** Gabriel es el guardián de los pensamientos, las palabras y el comportamiento. Utilizando la literatura adecuada para expresar sus sentimientos, puede invocarlo cuando se sienta herido, agitado o confundido.
- **Correo, noticias y otros símbolos de comunicación:** Usando estos objetos, puede conseguir que Gabriel le traiga buenas noticias en momentos difíciles.
- **Los cuatro elementos:** Vinculados a la transformación y a la pureza de la naturaleza. Se utilizan tradicionalmente para la protección del hogar.
- **Espejos:** Ilustran la sabiduría divina y un misterio oculto. Son ideales para la autorreflexión y para descubrir el poder interior.
- **Una linterna:** Potencia los trabajos espirituales y ayuda a protegerlo a usted, a su espacio y a sus seres queridos. Una linterna con una luz parpadeando también puede representar el corazón, el núcleo de un hogar que mantiene unida a la familia.

Arcángel Metatrón

Conocido por su rapidez mental, el arcángel Metatrón se simboliza con un rayo. Esto representa que el ángel lo guía a la hora de tomar decisiones rápidas y críticas. Puede ayudarle a llegar al meollo de una cuestión rápidamente y sin arriesgarse a dar un paso en falso. Con este símbolo, siempre tendrá la seguridad de que Metratrón le guiará en la dirección correcta.

Arcángel Raziel

Como arcángel asociado a la magia, Raziel es una fuente de inspiración para cualquier trabajo mágico o espiritual. Puede utilizar calderos, libros de hechizos, varitas y otras herramientas y símbolos de magia para invocar a Raziel cuando se sienta atascado o no sepa cómo superar un reto espiritual. También puede utilizar objetos o personas que se inspiren en sus actividades para conectar con Raziel.

Arcángel Sandalfón

Este es el arcángel que ofrece claridad en las encrucijadas. También proporciona protección contra influencias espirituales malignas.

Sandalfón es simbolizado por:

- **Velas blancas**: Contrarrestan las energías oscuras.
- **Sal**: Purifica la mente, cuerpo, alma y herramientas de energías negativas.
- **Hierbas purificadoras**: Lo limpian a usted y a su espacio de pensamientos e influencias confusas o negativas.

Arcángel Jegudiel

Conocido como el glorificador divino, Jegudiel es el arcángel de la claridad. Está simbolizado por:

> **Una corona dorada:** Sosteniendo este símbolo en su mano derecha, puede invocar a este ángel para obtener claridad y ver las cosas bajo una perspectiva más clara.

Trabajar con símbolos y sellos angelicales

Cuando trabaje con ángeles, recuerde que puede necesitar una forma diferente de ayuda en momentos específicos de su vida. Los arcángeles tienen áreas específicas en las que pueden ofrecer ayuda, mientras que los ángeles menores pueden ayudarle en diversos asuntos. Su ángel de la guarda puede guiarlo hacia un camino mejor y, si no puede ayudarlo, lo guiará en dirección a un arcángel.

Mientras que puede invocar a su ángel de la guarda para cualquier cosa que necesite (y en cualquier momento) es mejor invocar a los arcángeles solo en caso de una necesidad urgente y con la preparación necesaria para hacer cambios poderosos. Sea claro con su intención cuando decida qué símbolos o sellos utilizar. Cuanto más específica sea su intención, más adecuada será la elección de los símbolos y mejor podrá responder el ángel.

Si va a utilizar los símbolos junto con oraciones, meditación u otro ejercicio de fortalecimiento espiritual, elija el que le parezca adecuado y funcione según sus valores.

Ármese de paciencia cuando utilice símbolos y sellos angelicales. Para los principiantes, rara vez funcionan al instante. En la mayoría de los casos, se necesita mucha práctica y repetición. Los cambios empiezan a aparecer lentamente. Dependiendo de cada momento de su vida, puede que deba esperar un tiempo considerable para ver los resultados de su trabajo. Sin embargo, confíe en que los ángeles le aseguran el mejor resultado posible, aunque al principio resulte confuso.

Sellos angelicales

Un sello es un símbolo que corresponde a un ángel específico, aunque normalmente se utilizan para invocar a seres superiores como los arcángeles. Si bien existen sellos prefabricados, se diseñan en función del significado y la trascendencia que tienen para quien los usa. Por supuesto, puede utilizar los predeterminados para comprender mejor los sellos angelicales, pero hacer los suyos propios creará una conexión más personal con los ángeles. Tanto si opta por copiar sellos ya hechos como por crear los suyos propios, su primer paso es aprender a dibujar un sello. Una vez que lo domine, podrá cargarlo con la energía del arcángel asociado.

He aquí cómo crear sellos angelicales:

1. Tome una plantilla hecha o cree una propia. En cualquiera de los dos casos, utilice las letras del nombre del arcángel que quiera invocar o la intención que corresponda con el ángel.
2. Por ejemplo, para invocar al arcángel Miguel, escriba la letra M, la primera letra de su nombre. Luego, repita el proceso hasta llegar a la última letra. Del mismo modo, si quiere protección, empiece escribiendo la letra P.
3. Después de escribir todas las letras de la intención o el nombre, conéctelas trazando líneas entre ellas. Depende de usted en qué formato escribe las letras o cómo realiza las líneas de conexión.
4. Una vez que haya conectado todas las letras, su sello estará terminado.

Es crucial que recuerde que trabajar con símbolos y sellos angelicales es muy personal y subjetivo. Un signo que tiene significado para alguien puede no tenerlo para otra persona. Confíe en su intuición y en su guía interior cuando interprete y utilice símbolos y sellos angelicales. Además, recuerde que los ángeles utilizan distintos símbolos para comunicarse con usted en diferentes momentos, dependiendo de sus necesidades y circunstancias particulares. Es fundamental que mantenga la mente abierta cuando trabaja con simbología angelical. Incluso el mismo signo o sello pueden tener significados diferentes según las circunstancias. A veces, el significado de un símbolo es más directo. Otras veces, es sutil y está abierto a la interpretación. Los símbolos y sellos angelicales son herramientas excelentes para obtener información y guía de los ángeles. El conocimiento que obtenga le ayudará en su crecimiento espiritual y podrá navegar por su vida con facilidad. Combinando estos signos con ejercicios espirituales, aprenderá a confiar más en los ángeles y en usted mismo, lo que le ayudará a superar cualquier reto y alcanzar todas sus metas.

Cómo usar su signo o sello angelical

En la mayoría de los casos, necesita un ritual para preparar su mente y concentrarse en el sello. Esto implica dar a conocer su intención y pronunciar el nombre de un ángel tres veces, para abrir la línea de comunicación. Enlace su intención con esperanza y tenga el corazón abierto, ya que esto ayuda a formar un vínculo inquebrantable entre el ángel y usted. Cree un vínculo orgánico que le permita trabajar con el ángel libremente.

Cómo atraer la energía angelical a su vida

Como ha visto anteriormente, para traer la energía de un arcángel a su vida, debe crear un sello ordenando las letras del nombre del ángel o de su intención en un símbolo fácil de visualizar. El segundo paso es imprimir el sello en su subconsciente.

He aquí cómo hacerlo:

1. Mire fijamente el sello y repita el nombre.
2. Concéntrese en su respiración y repita el nombre del sello hasta que se convierta en un mantra.

A continuación, tendrá que conectarlo con el ángel:

1. Dibuje el sello en un papel y ubíquelo en su altar, rodeándolo de cristales, representaciones del ángel y sus correspondencias.
2. Concéntrese en el sello y en el nombre del ángel e invóquelos.

Una vez que haya establecido la conexión entre el ángel y el sello, tendrá que reprimir el símbolo de su memoria consciente. Haga un esfuerzo deliberado para olvidarlo, ya que el trabajo con los sellos puede ser influido por los deseos y pensamientos de la mente consciente.

Ritual para concentrarse mejor

Puede invocar a un ángel concentrándose en el sello y visualizándolo conectado con la esencia del ángel durante la meditación. Puede utilizar su poder para concentrarse mejor durante el ejercicio y obtener claridad mental para manifestar su intención.

Instrucciones:
1. En una hoja de papel, dibuje el sello.
2. A continuación, encienda las velas y ubíquelas frente a usted. Apague todas las luces artificiales.
3. Ponga el sello entre las velas.
4. A continuación, reflexione sobre el significado que tiene para usted en ese momento.
5. Visualice que el sello se hace más grande y más brillante hasta ser más claro que las velas que lo rodean.
6. Mantenga la imagen frente a usted hasta que se sienta cómodo o adquiera la claridad mental que necesita.

Oraciones a los arcángeles

Cuando invoque a un arcángel con una oración, su símbolo o sello puede servirle como herramienta de canalización. Todo lo que necesita es una intención clara y una mente abierta para interpretar los mensajes que recibirá después de contactar.

Instrucciones:
1. Empiece por establecer intenciones claras. Defina lo que desea obtener con la invocación del arcángel; recuerde que cada uno tiene su especialidad. Por ejemplo, invoque al arcángel Miguel si necesita protección espiritual y empoderamiento.
2. El siguiente paso es asegurarse de que lo está invocando correctamente. Si no ha trabajado antes con el ángel, recurra a su intuición y compruebe si tiene las herramientas correctas.
3. Una vez que haya definido su intención y sepa que estás utilizando las herramientas adecuadas, puede dirigirse al ángel con la siguiente oración:

    «Querido (el nombre del arcángel al que desea invocar).

    Estoy aquí como tu humilde seguidor.

    Te pido que (especialidad del ángel).

    Por favor, ven a mí y envía tus bendiciones divinas a aquellos que me importan».

Herramientas de meditación

Hay varias formas de utilizar los símbolos y sellos angelicales para meditar. He aquí algunas sugerencias sobre cómo meditar con símbolos angelicales:

- Exprese gratitud por la presencia del ángel en su vida y por los mensajes que le envía.
- Agradezca al ángel su guía y apoyo. Reitere que confía en su capacidad para protegerlo y dirigirlo en los momentos más difíciles.
- Pida orientación y apoyo si los necesita en ese momento específico.
- Exprese su deseo de profundizar su conexión con un ángel.
- Aproveche su intuición para afinarla. Esto le ayudará a confiar más en ella a la hora de decidir qué símbolos y sellos utilizar o de interpretar los mensajes que le envían los ángeles.
- Si no está seguro de qué acción emprender después de comunicarse con un ángel, utilice la mediación para ponerse en contacto con él de nuevo y aclarar si desea realizar un cambio, estar más presente o emprender otra acción.

Instrucciones:

1. Siéntese cómodamente y tome en sus manos el sello o símbolo angelical.
2. Concéntrese en respirar profundamente y vacíe su mente de todos los pensamientos.
3. Visualice un ángel (o símbolo o sello) con el ojo de su mente. Imagínelo como un poderoso ser de luz.
4. Luego, pídale que lo rodee con su esencia y protección.
5. Permanezca en este estado mientras se sienta cómodo.
6. Cuando haya terminado, agradezca al ángel su presencia.

Uso de símbolos y sellos angelicales como amuletos

Otra forma de utilizar los símbolos y sellos angelicales es llevarlos como talismanes o amuletos. Puede llevarlos como pulseras, collares o aretes, o guardarlos en el bolsillo. Todas estas son formas estupendas de mantener un símbolo (y su poder) cerca de su espacio personal. Aunque la mayoría de los amuletos y talismanes se utilizan para la suerte y la protección, también puede sostenerlos durante la meditación y otros ejercicios de atención plena. Puede potenciar los símbolos y sellos con su intención y recordarla cada vez que mire el objeto. También puede exhibir los amuletos y talismanes en su espacio. Esto funciona muy bien si necesita el poder de un ángel para proteger su casa o su lugar de trabajo, o si necesita que lo guíe en los asuntos que conciernen a estos espacios. Tanto si los exhibe en su altar y los utiliza como herramientas de canalización para invocar a los ángeles, como si los coloca en una mesa o estantería donde pasa mucho tiempo, le recordarán la presencia y el poder del ángel.

Meditación y oración de aclaración

Si no está seguro de lo que significa un símbolo concreto que encontró o qué sello debe utilizar para contactar con un ángel, puede preguntar a los mismos ángeles. Guarde las señales que descubra o aprenda de los ángeles en un diario para hacer un seguimiento de sus experiencias. Una vez que comprenda el significado de las señales, anótelo también en el diario.

Instrucciones:

1. Siéntese cómodamente y tome en sus manos el sello o símbolo elegido.
2. Centrándose en acercarse a un ángel, diríjase a él con la siguiente oración:

    «*Querido ángel, te invito a mi hogar.*

    Por favor, rodéame de tu amor, luz y protección.

    Ayúdame a interpretar los símbolos que encuentro y utilizo.

    Guía mi intuición para descubrir el significado que necesito.

    Ayúdame a entenderlos con claridad y sabiduría.

    Por favor, bendíceme con la fuerza y el valor que necesito

    para seguir las instrucciones que obtengo a través de los símbolos y sellos.

    Ayúdame a confiar en los símbolos para que me guíen hacia mi propósito.

    Gracias por el apoyo y las bendiciones que me concedes.

    Confío en tu guía».
3. Después de recitar la oración, medite todo el tiempo que necesite para obtener claridad sobre un símbolo o sello

específico.

4. Sienta cómo la presencia del ángel lo llena de paz, amor y comprensión mientras medita. Sienta su guía y protección.

5. Una vez que haya obtenido claridad sobre un símbolo, utilícelo de acuerdo con el significado que tiene para usted en ese momento específico de su vida.

Capítulo 6: Sincronicidad, tiempo divino y coincidencias

¿Siempre mira la hora cuando son las 11:11? Tal vez vio una secuencia específica de números varias veces a lo largo del mismo día. Estos números se conocen como números angelicales y se cree que son mensajes del reino divino. Los números angelicales se asocian a menudo con la sincronicidad y el tiempo divino, ya que tienden a aparecer durante momentos significativos de la vida. Algunos los consideran meras coincidencias, pero quienes creen en el poder de los números angelicales los ven como señales de guía y apoyo del universo.

Este capítulo explora los conceptos de sincronicidad, tiempo divino y coincidencia. Examina la historia y la teoría de la sincronicidad, junto con instrucciones sobre cómo manifestarla. También se discute el concepto de tiempo divino y su conexión con el libre albedrío frente al destino, así como una lista de varios signos que indican el tiempo divino. Por último, se define qué es una coincidencia, se diferencia de la sincronicidad y se enumeran las distintas categorías de sincronicidad con ejemplos. Este capítulo le ayudará a entender estos conceptos y a saber cómo utilizarlos para la autoexploración y el crecimiento espiritual.

Abrazando la sincronicidad: Alinear sus acciones con el universo

¿Alguna vez ha experimentado coincidencias que parecen demasiado perfectas para ser mera casualidad? Tal vez estaba pensando en alguien y lo llamó de repente. O se encontró con un libro que abordaba un problema con el que estaba luchando después de desear respuestas. Estas coincidencias significativas y aparentemente imposibles se llaman sincronicidades y son poderosas señales del universo. Esta sección explora la historia de la sincronicidad, la teoría, la manifestación y cómo hacerla funcionar. Con este conocimiento, estará mejor equipado para alinear sus acciones con el universo y transformar su vida de manera significativa.

Historia y teoría

El psiquiatra suizo Carl Jung introdujo por primera vez la sincronicidad en la década de 1920. Jung se dio cuenta de que ciertas coincidencias eran demasiado significativas para ser azar y creía que estos sucesos tenían un significado psicológico. Acuñó el término *sincronicidad* para describirlos e insistió en la importancia de prestarles atención, ya que revelaban conocimientos profundos sobre la mente inconsciente.

Carl Jung introdujo el concepto de sincronicidad[7]

La teoría de la sincronicidad se basa en el concepto de inconsciente colectivo, que es una reserva de experiencias y conocimientos psíquicos compartidos por todos los seres humanos. Según Jung, la sincronicidad se produce cuando dos acontecimientos, uno del inconsciente individual y otro del inconsciente colectivo, se alinean de forma significativa. Por ejemplo, un individuo que se esfuerza por tomar una decisión puede encontrarse con un desconocido que, sin saberlo, le aporta información sobre el asunto.

La sincronicidad sigue siendo relevante en las prácticas espirituales de hoy en día. La meditación, por ejemplo, ayuda a las personas a ser más conscientes de sí mismas y a acceder a su inconsciente para obtener información. La lectura de cartas del tarot y la astrología son otras prácticas que utilizan los principios de la sincronicidad para proporcionar orientación e iluminación. Estas prácticas permiten a las personas aceptar la aleatoriedad de la vida y acoger las sincronicidades como un medio de crecimiento y desarrollo.

El poder de la sincronicidad en las prácticas espirituales no se limita únicamente al autodescubrimiento. Si un individuo experimenta sincronicidades de forma constante, estas indican que está en el camino correcto y le proporcionan la seguridad de que sus metas y objetivos están alineados con su propósito. Estar abierto a los acontecimientos sincrónicos, aunque parezcan insignificantes, conduce a profundos cambios de perspectiva y a una mayor fe en la capacidad del universo para guiar y apoyar.

Manifestación de la sincronicidad

La sincronicidad se manifiesta de varias formas, como coincidencias, telepatía, sueños y símbolos. Por ejemplo, puede experimentarse cuando ve la misma secuencia de números una y otra vez. Otras veces, puede aparecer en sus relaciones al conocer a alguien con su mismo nombre o fecha de cumpleaños. Incluso puede manifestarse a través de acontecimientos que cambian la vida, como oportunidades laborales, el descubrimiento de una nueva pasión o un encuentro fortuito.

A veces, la sincronicidad es tan simple como ver repetidamente el mismo número o conocer a alguien con su mismo nombre. Otras veces, conduce a descubrimientos y avances significativos en su vida personal y profesional.

Alinearse con la sincronicidad

Alinearse con la sincronicidad consiste en cultivar una mente y un corazón abiertos a las señales del universo. Cuando está abierto a posibilidades y oportunidades, el universo le envía acontecimientos sincronizados que se alinean con su camino. Puede practicar la alineación con la sincronicidad confiando en su intuición, escuchando sus instintos y prestando atención a las señales y los símbolos. Cultivar una práctica diaria, como la meditación o la escritura de un diario, puede ayudarle a ser más consciente de usted mismo y a sintonizar con los mensajes del universo.

Cómo aprovechar el poder de la sincronicidad

Para aprovechar realmente el poder de la sincronicidad, debe aprender a crear en conjunto con el universo. Esto significa emprender acciones inspiradas hacia sus objetivos, pero también permitir que el universo lo guíe a través de acontecimientos sincronizados. Puede practicar esta creación conjunta estableciendo intenciones, definiendo claramente sus objetivos y pasando a la acción. Con este enfoque, las oportunidades y sincronicidades empezarán a aparecer en su vida en un abrir y cerrar de ojos.

Cuando esté en sintonía con el mundo que lo rodea, le será más fácil reconocer patrones y establecer conexiones que antes pasaba por alto. También puede practicar técnicas de meditación o visualización que le ayuden a centrar la mente y conectar con su intuición. Otro aspecto esencial de la sincronicidad es ser consciente de sus pensamientos y emociones. Si se fija en sentimientos y creencias negativas, tiene más probabilidades de atraer experiencias negativas. En cambio, si se centra en la positividad y la abundancia, estará más abierto a eventos sincronizados que le aporten felicidad y plenitud.

Beneficios de abrazar la sincronicidad

Abrazar la sincronicidad tiene el potencial de mejorar todos los aspectos de su vida. Cuando empieza a prestar atención a las pistas sutiles y a seguir las señales del universo, se da cuenta de que las oportunidades de crecimiento personal y profesional surgen con más frecuencia. Como resultado, la vida se vuelve más abundante y experimenta menos dificultades. También puede notar que la sincronicidad atrae a su vida a personas alineadas con sus valores y su visión, haciendo que sus relaciones sean más significativas.

- **Cambia su perspectiva:** Adoptar la sincronicidad le ayuda a cambiar su perspectiva de la vida. Le ayuda a ver el significado oculto detrás de los acontecimientos y las circunstancias. Este cambio le permite ser positivo en situaciones difíciles y ver las oportunidades que se le presentan. Al aceptar la sincronicidad, ve la vida como un viaje lleno de asombro, curiosidad y descubrimientos. Aprende a confiar en que el universo conspira para llevarlo por el camino más elevado.

- **Le brinda más positividad y optimismo**: Abrazar la sincronicidad también trae más positividad y optimismo a su vida. Al ver las conexiones entre los acontecimientos, empieza a creer que todo sucede por una razón. Esta creencia conduce a una actitud más positiva hacia la vida. Empieza a ver los retos como oportunidades de crecimiento y aprendizaje. Aprende a confiar en que todo saldrá bien. Esta positividad y optimismo le ayudan a atraer experiencias y personas positivas a su vida.

- **Propicia una vida más feliz y satisfactoria:** Al ver las conexiones entre los acontecimientos y las circunstancias de la vida, empieza a ver el panorama general de su historia. Empieza a entender que todo lo que le ha pasado, bueno o malo, lo ha llevado a donde está hoy. Al confiar en la sincronicidad, deja de preocuparse y dudar y abraza las aventuras de la vida, lo que lo lleva a una mayor sensación de paz, propósito y felicidad.

- **Ayuda a conectar con los demás:** Al ver las conexiones entre los acontecimientos de su vida, empieza a ver las conexiones entre usted y los demás. Empieza a darse cuenta de que todos estamos juntos, experimentando retos y triunfos similares. Esto conduce a un mayor sentido de la empatía y la compasión. Al ver las conexiones entre usted y los demás, puede construir relaciones más significativas y crear un mundo más compasivo.

- **Permite confiar en el universo:** Por último, abrazar la sincronicidad le ayuda a confiar en el universo. Al ver las conexiones entre los acontecimientos de su vida, empieza a confiar en que todo sucede por una razón. Empieza a confiar en que el universo trabaja para llevarlo por el camino más elevado. Al confiar en el universo, puede dejar ir la preocupación y la duda y abrazar la aventura de la vida.

El poder del tiempo divino: comprender las reglas universales y el libre albedrío

¿Alguna vez ha sentido por un momento que todo se alinea a la perfección? ¿Un momento en el que logró algo que siempre quiso o en el que se le presentó una oportunidad inesperada que cambió su vida por completo? Ese es el poder del tiempo divino. Es la forma que tiene el universo de orquestar los acontecimientos para que se alineen perfectamente con el bien más elevado. En esta sección se explora el tiempo divino, las reglas universales que lo rigen y el viejo debate del libre albedrío frente al destino.

Definición

El tiempo divino se refiere a la idea de que el universo tiene un plan para cada vida y que todo ocurre en el momento adecuado. Es la creencia de que nada en la vida sucede por casualidad y de que cada momento se desarrolla precisamente como debe. Conocer a la persona adecuada en el momento oportuno, recibir una oferta de trabajo que lo cambia todo o simplemente sentir que todo fluye, todo forma parte del plan que el universo tiene para usted.

Reglas universales del tiempo divino

Todos hemos escuchado el dicho «Todo sucede en el momento oportuno», pero ¿alguna vez se ha detenido a pensar qué tan cierta es esa afirmación? Muchos hemos experimentado situaciones en las que las cosas encajan en el momento exacto o en las que, por mucho que intentemos que algo suceda, no parece ser el momento adecuado. Esto se debe a que existen reglas universales del tiempo divino que todos debemos seguir, seamos o no conscientes de ellas. A continuación, se presentan las reglas universales del tiempo divino y cómo utilizarlas para el beneficio de su vida personal y profesional.

1. La primera regla del tiempo divino es que **todo sucede cuando tiene que suceder.** Esto significa que no se puede forzar o apresurar nada en la vida. Si trata de hacer que algo suceda antes de tiempo, solo creará resistencia y lo alejará aún más. En su lugar, confíe en que el universo tiene su línea de tiempo y que todo llegará a buen término cuando se supone que deba hacerlo.

2. **Todo ocurre por una razón:** Incluso los momentos más difíciles y dolorosos tienen un propósito que puede no ser inmediatamente claro. El universo utiliza estos momentos para enseñarnos valiosas lecciones y ayudarnos a crecer y evolucionar. Comprender que todo ocurre por una razón aporta paz y aceptación en los momentos difíciles. La clave es mantener la mente abierta y confiar en que el universo siempre tiene los mejores intereses.

3. **Todo está interconectado:** El universo trabaja constantemente para crear armonía y equilibrio, por lo que las cosas a menudo suceden cuando menos lo esperamos. Esto se debe a que todo en el universo está interconectado y cuando una cosa está fuera de equilibrio, a menudo conduce a que suceda lo mismo con otra cosa. Preste atención a las señales y sincronicidades sutiles

que aparecen en su vida. Pueden estar guiándolo hacia algo más grande. Seguir las pistas puede llevarlo a oportunidades inesperadas de transformar su vida por completo.

4. **El universo apoya sus deseos:** El universo trabaja constantemente para acercarlo a sus deseos, pero a veces eso lleva tiempo. Cuando se centra en lo que quiere y pasa a la acción, el universo lo apoya en cada paso del camino. Solo es cuestión de confiar en el proceso y ser paciente. Eventualmente, será recompensado con lo que busca.

5. **La ley de la atracción:** Esta ley universal establece que aquello en lo que nos enfocamos y pensamos eventualmente llega a nuestras vidas. Esto significa que si usted se preocupa constantemente y tiene pensamientos negativos, atrae eso a su vida. En cambio, si se centra en lo que quiere y mantiene sus pensamientos positivos, crea las oportunidades necesarias para manifestar sus deseos.

Puede ser fácil quedar atrapado en la comparación de su vida con la de los demás y sentir que no está donde debería, pero la verdad es que cada uno está en su propio camino y línea de tiempo. Confíe en que el momento de su vida es perfecto y que todo está sucediendo como debe. Recuerde que los contratiempos y los retos son temporales y necesarios para crecer y aprender.

El viejo debate del libre albedrío frente al destino

Este debate lleva siglos vivo. Filósofos, líderes religiosos, científicos e incluso escritores han discutido este antiguo argumento entre el determinismo y la noción de control individual. Pero, ¿qué es exactamente el libre albedrío y en qué se diferencia del destino?

El libre albedrío es la capacidad de tomar decisiones que no están predeterminadas. Es la noción de que se pueden tomar decisiones en las que solo influyen los propios deseos, valores y creencias. A menudo se asocia con la idea de responsabilidad personal y la capacidad de elegir el destino. Por otro lado, el destino es la creencia de que la vida está predeterminada y que no hay nada que se pueda hacer para cambiar el destino. Esto significa que, por mucho que nos esforcemos, la vida siempre seguirá un camino ya trazado.

A pesar de sus aparentes diferencias, muchos filósofos sugieren que el libre albedrío y el destino no son mutuamente excluyentes. Por ejemplo, el concepto de determinismo sugiere que las experiencias pasadas y la composición genética influyen en nuestras acciones y decisiones. Sin embargo, los deterministas no creen necesariamente que la vida esté predeterminada. Sugieren que nuestras elecciones son limitadas por factores que no podemos controlar, como el entorno, las normas sociales y los valores culturales.

Otro concepto que apoya la idea de la coexistencia del libre albedrío y el destino es la noción de compatibilismo. Los partidarios del compatibilismo sostienen que el libre albedrío y el determinismo no se excluyen mutuamente, sino que trabajan juntos para dar forma a nuestras decisiones y acciones. Sugieren que, aunque hay factores externos que influyen en nuestras elecciones, podemos actuar libremente si creemos que tomamos nuestras propias decisiones basándonos en nuestros deseos y creencias.

A pesar de los argumentos presentados por deterministas y compatibilistas, muchas personas siguen aferrándose a la creencia en el control personal y el libre albedrío. Creen que son los únicos conductores de su vida y que sus acciones influyen significativamente en el resultado de sus vidas. Estos individuos son más propensos a responsabilizarse de sus decisiones y es menos probable que se dejen influir por factores externos.

El debate entre el libre albedrío y el destino es complejo y no puede resolverse de forma fácil o clara. Mientras algunos creen que la vida está predeterminada, otros sostienen que las personas pueden forjar su destino a través de sus propias elecciones. Aunque quizá nunca sepamos la respuesta a esta vieja pregunta, lo esencial es que sigamos tomando decisiones propias y nos esforcemos por tomar las riendas de nuestras vidas. Al fin y al cabo, nuestras decisiones conforman quiénes somos y, en última instancia, determinan el curso de nuestras vidas.

Coincidencias

¿Alguna vez ha vivido un momento en el que algo en lo que estaba pensando ocurrió de repente? ¿O un momento en el que se encontró con alguien en quien estaba pensando? Estos momentos son lo que llamamos *coincidencias* y ocurren con bastante frecuencia. A veces, las coincidencias pueden ser tan extrañas que nos dejan asombrados y nos hacen preguntarnos si hay una fuerza superior actuando. Exploremos el mundo de las coincidencias y sincronicidades y su significado.

Definición

Una coincidencia es un suceso extraordinario en el que dos o más acontecimientos o circunstancias ocurren simultáneamente sin ninguna conexión causal aparente. En pocas palabras, es cuando dos cosas suceden simultáneamente por casualidad. Las coincidencias suelen considerarse sucesos aleatorios, pero algunas personas creen en las sincronicidades o coincidencias significativas.

La diferencia entre coincidencias y sincronicidades

A diferencia de las coincidencias, Carl Jung creía que las sincronicidades tenían un significado o propósito más profundo. Los sucesos sincrónicos son experiencias en las que no existe una relación causal directa entre dos o más sucesos aparentemente relacionados, pero que ocurren juntos de un modo significativo para la persona que los experimenta. En términos más sencillos, mientras que las coincidencias son sucesos aleatorios, la sincronicidad es la forma que tiene el universo de enviar señales y mensajes.

Categorías de sincronicidades

Aunque las sincronicidades pueden parecer aleatorias, a menudo se clasifican en categorías que arrojan luz sobre su significado más profundo. Esta sección explora tres categorías de sincronicidades, incluyendo el paralelismo acausal, la simultaneidad y el desdoblamiento.

1. **Paralelismo acausal:** Esta sincronicidad implica una coincidencia significativa entre dos acontecimientos que no tienen relación causal. Por ejemplo, va caminando por la calle y se cruza con un desconocido que lleva la misma camisa que usted. Aunque esto parece una coincidencia, adquiere más significado si más tarde descubre que usted y el desconocido comparten un interés o afición. Este tipo de sincronicidad sugiere que hay un orden más profundo o inteligencia trabajando en el universo, guiándonos hacia conexiones y experiencias que están destinadas a suceder.

2. **Simultaneidad:** Este tipo de sincronicidad implica dos o más sucesos que ocurren simultáneamente, pero que no están relacionados causalmente. Por ejemplo, está leyendo un libro en un pasaje en el que se menciona una canción concreta y momentos después escucha esa misma canción en la radio. Este tipo de sincronicidad a menudo se percibe como una señal o mensaje del universo, que ofrece orientación o confirma una

decisión. También nos recuerda que todo está conectado y que formamos parte de una danza cósmica mayor.

3. **Desdoblamiento:** Esta categoría de sincronicidad implica una secuencia de acontecimientos que se desarrolla a lo largo del tiempo y conduce a un resultado significativo. Por ejemplo, puede tener una serie de sueños o encuentros no relacionados que más tarde se funden en una nueva oportunidad o dirección en su vida. Este tipo de sincronicidad es difícil de reconocer en el momento, ya que a menudo requiere paciencia y confianza en que las cosas se están desarrollando como deben. Sin embargo, puede ser un poderoso recordatorio para permanecer abierto a nuevas experiencias y seguir el camino que se siente correcto, incluso si no tiene sentido en ese momento.

4. **Tono de voz:** Por último, las sincronicidades también pueden clasificarse por el tono o el sentimiento que evocan. Por ejemplo, pueden ser optimistas y alegres, señalando un cambio positivo o una alineación en su vida. Por el contrario, pueden ser aleccionadoras o agridulces, indicando un reto o una lección que debe aprender. Estar en sintonía con el tono de las sincronicidades ayuda a comprender su significado y a interpretar el mensaje que tienen para usted.

Las sincronicidades son un aspecto fascinante y misterioso de la experiencia humana que ofrece una visión del funcionamiento más profundo del universo. Al explorar las categorías de paralelismo acausal, simultaneidad, desdoblamiento y tono, puede empezar a dar sentido a estas experiencias y aprovechar su sabiduría y guía. Tanto si considera las sincronicidades como mensajes divinos o como simples coincidencias aleatorias, son un poderoso recordatorio de la interconexión y la belleza de todas las cosas.

Las coincidencias y sincronicidades son temas fascinantes que no pueden explicarse del todo. Mientras que algunas personas creen que estos fenómenos son aleatorios, otras los ven como acontecimientos significativos enviados por el universo o por un poder superior. Ya sean coincidencias o sincronicidades, nos recuerdan que todos estamos conectados y que hay fuerzas invisibles que escapan a nuestra comprensión. En cualquier caso, estas experiencias aportan momentos de alegría, inspiración y asombro, y solo por eso vale la pena prestarles atención. Así que, la próxima vez que se encuentre con una coincidencia o una sincronicidad, tómese un momento para apreciar el momento divino y ver si tiene un significado más profundo para usted.

Capítulo 7: Correspondencias angelicales

Hasta ahora, ha aprendido que los ángeles están asociados con números, secuencias, símbolos y sellos. Sin embargo, estas no son las únicas correspondencias angelicales que existen. Los ángeles también se relacionan con otros elementos y conceptos, como los días de la semana, las horas del día, los signos zodiacales, los colores, los meses, las piedras preciosas y mucho más. Este capítulo repasa estas correspondencias en el caso de varios ángeles.

Miguel

Como regente del Sol, el arcángel Miguel está asociado con el domingo. Debido a la influencia del Sol, Miguel ilumina su camino y lo inspira en muchos aspectos de la vida. Sus habilidades también están relacionadas con su espíritu creativo individual. Es una magnífica fuente de poder y un guardián para quienes quieren marcar la diferencia en el mundo. Si quiere crear algo único que no comprometa sus valores, Miguel puede ayudarle en sus esfuerzos creativos.

Entre las flores, hierbas y árboles que se pueden utilizar para trabajar con el arcángel Miguel se incluyen la raíz de angélica, la yerbanís, la viperina, el girasol, el clavel, la hierba de San Juan, la celidonia, el azafrán, la centaurea, las flores de serbal, la eufrasia, la peonía, el sello de oro, las flores de azahar, el heliotropo, la caléndula, el hibisco, la manzanilla, el sauce, el sándalo rojo, el laurel, el ciclamen, la raíz de cálamo, la ballica, el lúpulo y el muérdago.

En el tarot, Miguel está vinculado a las cartas de la Fuerza y el Juicio. Esto indica su gran influencia sobre el desarrollo de la vida. Gobierna sus ambiciones y su desarrollo mental y físico. Debido a la influencia de la carta del Juicio, Miguel ayuda a quienes buscan el arrepentimiento, la plenitud o desean expresar rectitud o misericordia. Ayuda a defenderse de las malas influencias, pero también imparte justicia a las almas cuando es necesario.

Otras asociaciones

Horas del día y de la noche:

- La 1ª y la 8ª hora del día y la 3ª y la 10ª hora de la noche del domingo.
- La 5ª y la 12ª hora del día y la 7ª hora del día del lunes.
- La 2ª y la 9ª hora del día y la 4ª y 11ª hora de la noche del martes.
- La 6ª y la 8ª hora del día y la 1ª y 8ª hora de la noche del miércoles.
- La 3ª y la 10ª hora del día y la 5ª y 12ª hora de la noche del jueves.
- La 7ª hora del día y la 2ª y 9ª hora de la noche del viernes.
- La 4ª y la 11ª horas del día y la 6ª hora de la noche del sábado.

Elemento y modo: Fuego - Fijo.

Estaciones: Verano - invierno.

Mes: Agosto.

Metal: Oro.

Colores: Amarillo, verde amarillento, dorado, blanco.

Cristales: Topacio dorado, citrino, diamante, cuarzo claro, ópalo y ámbar.

Animales: Pavo real, águila, león, grifo y lobo.

Partes del cuerpo: Columna vertebral, corazón, brazos y muñeca.

Sahumerios: Naranja, olíbano e incienso.

Signos armoniosos: Aries y Sagitario.

Deidades: Deméter, Venus, Visnú, Selket y Horus.

Edades regidas: Todas las edades.

Gabriel

El gobernador de la Luna, el arcángel Gabriel, se asocia con el lunes. Debido a la influencia de la Luna, este ángel aumenta su conciencia espiritual y eleva sus experiencias místicas, tanto si viaja al mundo espiritual, como si realiza viajes astrales o trabajos oníricos. También solidifica sus intenciones a través de la oración y la meditación, especialmente si las manifiesta bajo la luz de la luna, al aire libre y cerca de un cuerpo de agua. Ayuda a establecer conexiones espirituales profundas en cualquier entorno, desde el trabajo hasta la comunidad o la familia. Gabriel también lo protege cuando viaja a través del agua, del mal tiempo o cuando siente tristeza. La Luna ayuda a eliminar las tendencias autodestructivas y a sustituirlas por positividad para nuevos comienzos.

El arcángel Gabriel aumenta su conciencia espiritual[8]

Las flores, hierbas y árboles que corresponden a Gabriel son la manzanilla, la siempreviva, la amapola, la planta lunar, la onagra, el aloe vera, la verdolaga, la pasiflora, la lunaria, el berro, la malva, el sauce llorón, el jazmín, el cálamo aromático, el nenúfar, el lirio blanco, la consuelda, la rosa blanca, la melisa, el loto y la amapola blanca.

En el tarot, el arcángel Gabriel está asociado con el Ahorcado y el Carro. Ambas cartas indican que este ángel tiene una enorme influencia sobre el destino, lo que también se subraya en la influencia de la Luna sobre el trabajo y las habilidades de Gabriel. Gabriel establece el flujo de la vida, desde la concepción de un niño o su primera infancia hasta encontrar un propósito y dirección en la vida. La asociación de Gabriel con el Ahorcado también alude a la conexión con conocimientos espirituales superiores y habilidades psíquicas.

Otras asociaciones:

Horas del día y de la noche:
- La 4^a y la 11ª hora del día y la 6ª hora de la noche del domingo.
- La 1^a y la 8ª hora del día y las 3^a y la 10ª hora de la noche del lunes.
- La 5^a y la 12ª hora del día y la 7ª hora de la noche del martes.
- La 2^a y la 9ª hora del día y las 4^a y la 11ª hora de la noche del miércoles.
- La 6ª hora del día y las 1^a y la 8ª hora de la noche del jueves.
- La 3^a y la 10ª hora del día y las 5^a y la 12ª hora de la noche del viernes.
- La 7ª hora del día y la 2^a y la 9ª hora de la noche del sábado.

Elemento y modo: Agua - Cardinal.
Estación: Verano.
Mes: Enero.
Metales: Plata y azogue.
Color: Ámbar y plateado.
Cristales: Piedra luna, turquesa, perla, ojo de tigre, ámbar, ópalo, esmeralda.
Animales: Gaviota, cangrejo, tortuga, esfinge.
Partes del cuerpo: Estómago, intestino y zona del pecho.

Sahumerios: Jazmín, Onycha y Mirra.
Signos armoniosos: Tauro, Escorpio y Piscis.
Deidades: Mercurio, Apolo y Khepera.
Edad regida: 7 años.

Samael

Samael, que rige el planeta Marte, se asocia con el martes. Es conocido por su justa ira y su capacidad para limpiar las influencias negativas. Puede desafiarlo para que demuestre que es digno de la confianza sagrada y no debe ser convocado en asuntos intrascendentes. También le otorga protección cuando se siente vulnerable y elimina las dudas y los pensamientos de debilidad, sustituyéndolos por el poder espiritual para enfrentar a quienes abusan del poder.

Las flores, hierbas y árboles que se pueden utilizar para trabajar con Samael incluyen la gentiana, el geranio, el cardo, la aulaga, la sangre de drago, el espino, la ruda común, la jalapa, la aliaga, el poleo, el ajenjo, el lirio, la flor de primavera, la rosa silvestre, el castaño, el acebo, el pino y la salvia.

En el tarot, Samael está vinculado a las cartas de El Emperador y de La Torre, lo que confiere a este ángel una cualidad ambivalente. Por un lado, es considerado el ángel precursor de la muerte y se dice que es un mago. Por otro lado, alude a la justicia divina, una influencia masculina igualmente poderosa. Juntas, las dos cartas ejercen mucha presión sobre el ángel y, a su vez, sobre usted.

Otras asociaciones:

Las horas del día y de la noche:

- La 7ª hora del día y la 2ª y la 9ª hora de la noche del domingo.
- La 4ª y la 11ª horas del día y la 6ª hora de la noche del lunes
- La 1ª y la 8ª hora del día y la 3ª y la 10ª hora de la noche del martes.
- La 5ª y la 12ª hora del día y la 7ª hora de la noche del miércoles.
- La 2ª y la 9ª hora del día y la 4ª y la 11ª hora de la noche del jueves.
- La 6ª hora del día y la 1ª y la 8ª hora de la noche del viernes.

- Las 3ª y la 10ª hora del día y las 5ª y la 12ª hora de la noche del sábado.

Elemento y modo: Fuego - Cardinal.
Estación: Primavera.
Mes: Diciembre.
Metal: Hierro.
Colores: Rosado, rojo, blanco y escarlata.
Cristales: Diamante, piedra de sangre, jaspe rojo, rubí y granate.
Animales: Urraca, carnero, búho, toro y petirrojo.
Partes del cuerpo: Cara, cuello, cabeza, cerebro y sistema nervioso.
Sahumerio: Sangre de dragó y pimienta de Jamaica.
Signos armoniosos: Leo y Sagitario.
Deidades: Marte, Isis, Minerva, Atenea y Shiva.
Edades: 28-35 años.

Rafael

Como gobernador de Mercurio, Rafael está vinculado al miércoles. Debido a la influencia de este planeta, Rafael es conocido por sus habilidades protectoras y curativas. Puede restablecer el equilibrio físico, emocional o espiritual, ahuyentar los pensamientos preocupantes y conectarse con la naturaleza y el universo. Mercurio es el planeta de la comunicación; a través de él, Rafael proporciona percepciones espirituales y disminuye el impacto negativo de la vida moderna en la salud espiritual.

Las flores, hierbas y árboles que se pueden utilizar para trabajar con este arcángel son alcaravea, orquídea, ajedrea de verano, salvia, gladiolo, pimpinela, trébol, perejil, lirio, lavanda, eneldo, elecampana, iris, saúco, lentisco, sándalo y jazmín.

Correspondiente a las cartas de El Loco y Los Enamorados en el tarot, Rafael es el ángel de la sabiduría, la curación y los descubrimientos científicos. Con estas cartas, Rafael puede ayudarle a descubrir sus verdaderos valores y defenderse de influencias maliciosas. También puede enseñarle a manifestar sus deseos, poner fin a procesos indeseados o crear desafíos para perfeccionar sus habilidades y tener oportunidad de crecer espiritualmente.

Otras correspondencias:

Horas del día y de la noche:

- La 3^a y 10ª hora del día y la 5^a y la 12ª hora de la noche del domingo.
- La 7ª hora del día y la 2^a y la 9ª hora de la noche del lunes.
- La 4^a y 11ª hora del día y la 6ª hora de la noche del martes.
- La 1^a y 8ª hora del día y las horas 3^a y la 10^a de la noche del miércoles.
- La 5^a y la 12ª hora del día y la 7ª hora de la noche del jueves.
- La 2^a y la 9ª hora del día y la 4^a y la 11ª hora de la noche del viernes.
- La 6ª hora del día y la 1^a y la 8ª hora de la noche del sábado.

Elemento y modo: Aire - Mutable.

Estaciones: Invierno - primavera.

Mes: Abril.

Metales: Aluminio y azogue.

Colores: Naranja, blanco y amarillo.

Cristales: Jaspe amarillo, citrino, ónice, topacio, diamante, jade, aguamarina, ágata musgosa y turmalina.

Animales: Urracas, pinzones y loros.

Partes del cuerpo: Brazos, pulmones y sistema respiratorio.

Sahumerios: Ajenjo, trébol y lavanda.

Signos armoniosos: Libra y Acuario.

Deidades: Freya, Frey, Sekhmet, Janus, Bast, Pollux y Castor.

Edades: 7-14 años.

Sachiel

Regente de Júpiter, Sachiel está vinculado al jueves. Esto indica la naturaleza benévola del ángel, enseña que, al retribuir, podrá satisfacer sus propias necesidades mucho más rápido. También potencia rituales diseñados para manifestar cosechas abundantes, prosperidad, el bien de todos y la seguridad física y emocional.

Algunas flores, hierbas y árboles que corresponden a Sachiel son la agrimonia, la betonía de bosque, la avena de bosque, la valeriana, la borraja, la ulmaria, la cincoenrama, el tilo, el diente de león, el hisopo, la madreselva, el sauce, el heliotropo, el olmo, el clavel, la achicoria, la adormidera, el lirio, la lila y la salvia.

En el tarot, Sachiel está relacionado con la carta de la Luna, también regida por Júpiter. A través de esta carta, el ángel aporta prestigio, seguridad financiera y expansión social. Suele cambiar las reglas del juego en la vida y obliga a ser paciente para perseverar en tiempos difíciles.

Otras correspondencias:

Las horas del día y de la noche:

- La 6ª hora del día y la 1^a y la 8ª hora de la noche del domingo.
- La 3^a y la 10ª hora del día y la 5^a y la 12ª hora de la noche del lunes.
- La 7ª hora del día y la 2^a y la 9ª hora de la noche del martes.
- La 4^a y la 11ª hora del día y la 6ª hora de la noche del miércoles.
- La 1^a y la 8ª hora del día y la 3^a y la 10ª hora de la noche.
- La 5^a y la 12ª hora del día y la 7ª hora de la noche del viernes.
- La 2^a y la 9ª hora del día y la 4^a y la 11ª hora de la noche del sábado.

Elemento y modo: Agua - Mutable.

Estación: Invierno.

Mes: Febrero.

Metal: Estaño.

Color: Azul, blanco y morado.

Cristales: Lapislázuli, perla, turquesa, esmeralda, zafiro y amatista.

Animales: Buey, oveja, delfín, cigüeña, foca y cisne.

Partes del cuerpo: Sistema circulatorio, sistema linfático, glándulas pineales, fluidos corporales, pies y dedos de los pies.

Sahumerios: Salvia, ámbar gris y sándalo.

Signos armoniosos: Virgo, Cáncer y Escorpio.

Deidades: Neptuno, Anubis, Visnú, Poseidón y Khepera.

Edades: 55-62 años.

Anael

Regente de Venus, Anael tiene una fuerte conexión con el viernes. Como uno de los siete ángeles asociados con la creación, Anael es conocido por su amor puro y altruista. Influenciado por Venus, Anael enseña a amar a las personas y a todas las criaturas del universo. Inspira el perdón a sí mismo y ayuda a seguir adelante. Al mismo tiempo, Venus está asociado con la fertilidad. Por esto, Anael puede restablecer el equilibrio natural y ayudar a la naturaleza a prosperar.

Las flores, hierbas y árboles que puede utilizar cuando trabaje con Anael son la almendra, el aloe vera, la violeta, la manzana, la caléndula, el tanaceto, la cereza, la rosa, el pensamiento, la flor de primavera, el mirto, el azafrán, el malvavisco, la matricaria, el iris, el geranio, el brezo, la vara de oro, el nogal y el ciruelo.

El arcángel Anael simboliza el amor[9]

En el tarot, Anael está vinculado a las cartas de El Hierofante y La Justicia, que influyen en el amor, los sentimientos de crianza, los niños, el conocimiento, el poder interior, los valores morales y el yo interior. Las dos cartas ayudan a este ángel a dar pistas a las personas sobre la perspectiva emocional adecuada para las relaciones.

Otras correspondencias:

Horas del día y de la noche:

- La $2^{\underline{a}}$ y la $9^{\underline{a}}$ hora del día y la $4^{\underline{a}}$ y la $11^{\underline{a}}$ hora de la noche del domingo.
- La $6^{\underline{a}}$ hora del día y la $1^{\underline{a}}$ y la $8^{\underline{a}}$ hora de la noche del lunes.
- La $3^{\underline{a}}$ y la $10^{\underline{a}}$ hora del día y la $5^{\underline{a}}$ y la $12^{\underline{a}}$ hora de la noche del martes.
- La $7^{\underline{a}}$ hora del día y la $2^{\underline{a}}$ y la $9^{\underline{a}}$ hora de la noche del miércoles.
- La $4^{\underline{a}}$ y la $11^{\underline{a}}$ hora del día y la $6^{\underline{a}}$ hora de la noche del jueves.
- La $1^{\underline{a}}$ y la $8^{\underline{a}}$ hora del día y la $3^{\underline{a}}$ y la $10^{\underline{a}}$ hora de la noche del viernes.
- La $5^{\underline{a}}$ y la $12^{\underline{a}}$ hora del día y la $7^{\underline{a}}$ hora de la noche del sábado.

Elemento y modo: Aire - Cardinal.
Estación: Invierno.
Mes: Diciembre.
Metal: Cobre.
Colores: Negro, verde esmeralda y azul real.
Cristales: Lapislázuli, jade, ópalo, crisólito, esmeralda y berilo.
Animales: Liebre, paloma, cisne, gorrión, tortuga y elefante.
Partes del cuerpo: Riñones, parte inferior de la espalda e hígado.
Sahumerio: Gálbano.
Estación: Invierno.
Deidades: Vulcano, Ma, Maat, Yama y Themis.
Edades: 14-21 años.

Cassiel

Cassiel es el arcángel asociado con Saturno y el sábado. Esto alude a la capacidad de Cassiel como conservador de las fuerzas y regente de la templanza y la soledad. Saturno tiene un gran poder sobre las oportunidades de inversión. El planeta ayuda al ángel a introducir la moderación en las acciones de las personas y las empuja a desarrollar la paciencia y la aptitud para la contemplación. Cassiel ayuda a invertir la mala fortuna y a conservar los recursos en tiempos difíciles.

Las flores, hierbas y árboles que corresponden a Cassiel son el acónito, la escutelaria, la belladona común, la cicuta venenosa, la belladona negra, el gordolobo, la campanilla, la mandrágora, la consuelda, la dedalera, la hierba eléboro, la fumaria, el tomillo, el ciprés y el pino.

En el tarot, Cassiel se asocia con la carta de El Mundo, que indica poder sobre la propiedad, el hogar y la tierra, pero también muestra preocupación por la pobreza, la vejez y las enfermedades de larga duración. Cassiel enseña que solo se reciben ciertas bendiciones más adelante en la vida, así que hay recompensas valiosas después de muchos años de duro trabajo.

Otras correspondencias:

Las horas del día y de la noche:

- La 5ª y la 12ª hora del día y la 7ª hora de la noche del domingo.
- La 2ª y la 9ª hora del día y la 4ª y la 11ª hora de la noche del lunes.
- La 6ª hora del día y la 1ª y la 8ª hora de la noche del martes.
- La 3ª y la 10ª hora del día y la 5ª y la 12ª hora de la noche del miércoles.
- La 7ª hora del día y la 2ª y la 9ª hora de la noche del jueves.
- La 4ª y la 11ª hora del día y la 6ª hora de la noche del viernes.
- La 1ª y la 8ª hora del día y la 3ª y la 10ª hora de la noche del sábado.

Elemento y modo: Aire-Fijo.

Estación: Invierno.

Mes: Julio.

Metales: Plomo y aluminio.

Color: Morado, violeta y azul cielo.

Cristales: Malaquita, ámbar, lapislázuli, aguamarina, granate, obsidiana y azabache.

Animales: Nutria, águila, pavo real y perro.

Partes del cuerpo: Tobillos y sistema circulatorio.

Sahumerio: Gálbano.
Signo armonioso: Leo.
Deidades: Juno, Atenea y Nuit.
Edades: 49-56 años.

Ángeles asociados a las estaciones

Primavera

Los ángeles relacionados con la primavera son Spugliguel, Amatiel, Milkiel, Core, Carascara y Commissoros. Milkiel proporciona la energía nutritiva que hace surgir la primavera, después Spugliguel toma el relevo como su guardián. Los demás ángeles representan el renacimiento y el rejuvenecimiento, la creatividad y la diversión. También ayudan a plantar ideas y a establecer comunicación, amistades y relaciones sexuales. Los ángeles que rigen la primavera también están asociados con la curación, la purificación, los asuntos financieros, la cosecha, la fertilidad, el aire y los colores pastel.

Verano

El verano está regido principalmente por Tubiel. Gargatel, Tariel y Gaviel también están vinculados a esta estación. Tubiel es el guardián de los pájaros pequeños y les ayuda a volver con sus dueños. Los otros ángeles gobiernan el verano, permitiendo el crecimiento exponencial de la naturaleza y la vida. Ayudan a inspirarse con ideas para proyectos, a profundizar relaciones o a obtener la riqueza y la sabiduría del universo. También pueden empujarlo hacia el camino del amor, la fuerza y la asociación. Los ángeles regentes del verano están asociados al elemento fuego y a los colores amarillo, azul, rosa y verde.

Otoño

Torquaret es el ángel que gobierna el otoño y los ángeles Guabarel y Tarquam actúan como sus guardianes. Al igual que la estación a la que están vinculados, estos ángeles gobiernan la cosecha, la planificación de los meses de invierno y la finalización de los procesos. Ayudan a ordenar la propiedad sobre las posesiones, a encontrar nuevas cosas que estudiar y a sanar traumas pasados. Los ángeles gobernantes del otoño están asociados con el elemento agua y los colores naranja, amarillo, marrón y ocre.

Invierno

El regente de la estación invernal es Attaris, pero le ayudan los ángeles Cetarari, Amabael y el arcángel Miguel. Este último está asociado con la nieve, mientras que los otros aseguran el descanso y la relajación. Ayudan a trazar planes para la primavera siguiente, nutrir el cuerpo, la mente y el alma, repasar logros y encontrar creatividad durante la estación más fría. Los ángeles regentes del invierno están asociados con la ruptura de hábitos negativos, el elemento tierra, la magia y los colores gris, blanco, rojo y verde.

Capítulo 8: La ley de la atracción

La positividad atrae energía positiva y la negatividad atrae energía negativa. Atrae a su vida lo que envía al mundo.

Oprah Winfrey declaró que se visualizaba a sí misma como una mujer de éxito que podía marcar la diferencia en el mundo. Jim Carrey también contó que, antes de ser famoso, se hizo un cheque por valor de diez millones de dólares con fecha de Acción de Gracias de 1995. Esperaba ganar esa cantidad de dinero en cinco años. Curiosamente, en 1995, antes del Día de Acción de Gracias, la película de Jim Carrey *Una pareja de idiotas* fue un gran éxito y ganó diez millones de dólares.

Oprah Winfrey y Jim Carrey hicieron realidad sus sueños con trabajo duro y perseverancia. Sin embargo, el poder de la fe les dio el empujón y los puso en el camino correcto. Creyeron que podían y lo hicieron. Esa fue la ley de la atracción en acción.

¿Qué es la ley de la atracción?

La ley de la atracción es una de las siete leyes universales y es una filosofía que se centra en el poder del pensamiento y su impacto en la vida de las personas. Sugiere que los pensamientos positivos traen buenas experiencias e influencias positivas, mientras que los negativos atraen la negatividad y los resultados negativos a la vida de las personas. Según esta noción, los pensamientos están hechos de frecuencias vibratorias. Si emite la frecuencia correcta, sus pensamientos son positivos y atraen cosas buenas a su vida, como éxito, felicidad, relaciones sólidas, dinero y buena salud. Esto hace que sus pensamientos sean extremadamente poderosos, ya que pueden influir en todos los ámbitos de su vida.

Buda creía que las personas se convierten en lo que piensan[10]

Buda creía que las personas se convierten en sus pensamientos, atrayendo lo que sienten y creando lo que imaginan. El antiguo filósofo chino Lao Tzu también destacaba la importancia de los pensamientos. Decía que siempre hay que tener conciencia de ellos, ya que se convierten en palabras que influyen en las acciones. Las acciones se convierten en hábitos que influyen en su carácter y en lo que quiere ser. Su carácter se convierte en su futuro y su destino. Básicamente, lo que llega a ser empieza con un pensamiento.

Por ejemplo, si quiere perder peso, debe transformar sus pensamientos y creer que puede cambiar su estilo de vida, comer sano y visualizarse en perfecta forma. Esta mentalidad lo mantendrá en marcha y la positividad atraerá cambios positivos a su vida.

- Sus pensamientos se centrarán en perder peso.
- Se dirá a usted mismo que puede hacerlo.
- Esto influirá en sus acciones y empezará a hacer ejercicio y a comer de forma más saludable.
- Este estilo de vida se convertirá en un hábito que influirá en su carácter y será una persona sana y en buena forma.

En cambio, si se dice continuamente a sí mismo que no va a perder peso, este pensamiento le impedirá pasar a la acción, ya que la negatividad lo frenará.

Es como un imán que atrae constantemente energías y pensamientos. Crea o no en la ley de la atracción, esta rige su vida. Al igual que la gravedad, la ley de la atracción se aplica a todo el mundo. No solo favorece a las personas que creen en ella; es un hecho y uno de los poderes más fuertes del universo.

Sin embargo, existen muchos conceptos erróneos sobre la ley de la atracción. El más común es que la gente suele tratarla como al genio de Aladino y espera que haga realidad los deseos. Creen que el universo les dará lo que desean con solo pensar mucho en ello. Por ejemplo, algunas personas creen que si piensan en tener una casa grande, el universo se la dará. Esta ley no funciona así. Requiere pensamiento positivo, creer que merece lo que quiere y trabajar duro para conseguirlo. Como resultado, el universo le abre puertas y le brinda oportunidades para lograr sus objetivos. En otras palabras, al igual que sus pensamientos, la acción es una parte importante de la ley de la atracción.

Algunas personas prefieren guardarse para sí sus sueños y esperanzas porque, en el fondo, creen que no los van a cumplir. Se rinden a la oscuridad y piensan que no son lo bastante listos, fuertes o talentosos para conseguir lo que quieren. Si no se siente cómodo compartiendo sus sueños con los demás, comuníquelos al universo. Difúndalos con energía positiva y prepárese para recibir todas las bendiciones que siempre ha deseado.

La ley de la atracción funciona mediante la manifestación. Eleve su energía y manténgala arriba todo el tiempo que pueda. Es comprensible que no se pueda pensar siempre en positivo; no es realista. La vida es estresante y seguro que se encuentra con cosas que pueden alterarlo o arruinar su estado de ánimo. La cuestión es mantener los pensamientos negativos fuera de su cabeza y centrarse en su objetivo y en la vida que quiere construir para usted.

Historia de la ley de la atracción

En 2006, cuando se publicó *El secreto* de Rhonda Byrne, todo el mundo hablaba de la ley de la atracción, por lo que es fácil suponer que se trata de una noción moderna. Sin embargo, existe desde hace casi dos siglos. La escritora rusa Helena Blavatsky fue la primera en acuñar el término «ley de la atracción» en 1877 en su libro *La doctrina secreta*. Aunque no entró en detalles ni proporcionó información significativa, introdujo el concepto y sentó las bases sobre las que muchos otros autores basaron su obra. Helena mencionó que las personas y sus habilidades se definen por sus pensamientos y que estos son tan poderosos que pueden moldear la realidad. El autor estadounidense Prentice Mulford fue la primera persona en presentarlo como una ley universal.

En 1907, el autor estadounidense William Walker Atkinson proporcionó más información sobre la ley de la atracción en su libro *La vibración del pensamiento o la ley de la atracción en el mundo del pensamiento*. El libro tuvo un gran éxito y muchos lo encontraron muy interesante. Fue una gran inspiración para estudiosos modernos que basaron su trabajo en los escritos de Atkinson. En el libro, menciona el concepto de vibración, que no era popular en aquella época. También trató otros conceptos como la manifestación, la energía y los principios del pensamiento.

Después de que la obra de Atkinson se hiciera popular, otros escritores se sintieron fascinados por el concepto. En 1910, el escritor estadounidense Wallace Delois Wattles trató la ley de la atracción en su libro *La ciencia de hacerse rico*. Destacó el valor del pensamiento en el proceso de manifestación. También señaló que todo en el universo está hecho de energía.

En 1928, el autor estadounidense Napoleon Hill publicó el libro *La ley del éxito en 16 lecciones*. Hill mencionó «la ley de la atracción» varias veces en su libro e introdujo el concepto a un público más amplio. En 1986, la autora estadounidense Esther Hicks y su marido, Jerry Hicks, publicaron el perspicaz libro *La ley de la atracción*.

Sin embargo, en 2006, la ley de la atracción pasó de ser un concepto fascinante sobre el que autores y filósofos estudiaban y escribían a convertirse en un fenómeno mundial. No se puede negar la gran contribución que hicieron Jerry y Esther Hicks. Sin embargo, hubo gente que se mostró escéptica. Aunque el libro tuvo éxito entre filósofos y estudiosos, no alcanzó el éxito comercial.

Todo esto cambió con la publicación de *El secreto*. Entonces, todo el mundo sintió curiosidad por la ley de la atracción y quiso aprender sobre ella. Tras el éxito del libro, Byrne lanzó un documental sobre *El secreto* en el que filósofos, autores y científicos debatían sobre la ley de la atracción y su significado. Al igual que el libro, la película fue un gran éxito y millones de personas de todo el mundo se interesaron y hablaron sobre la ley de la atracción.

Byrne afirma en *El secreto* que sus pensamientos pueden crear cualquier cosa, que solo puede tener éxito si cree en usted mismo y que puede manifestar sus objetivos con pensamientos y emociones positivas.

Aunque la ley de la atracción se acuñó por primera vez en el siglo XIX, filósofos antiguos como Buda y Tzu mencionaron la idea subyacente en muchos de sus escritos.

Los principios de la ley de la atracción

Solo se puede entender la ley de la atracción conociendo sus principios fundamentales:

Lo semejante atrae a lo semejante

A diferencia de la creencia popular de que los opuestos se atraen, la ley de la atracción introduce una teoría diferente que dice que lo semejante atrae a lo semejante. Esto significa básicamente que atrae pensamientos similares a los suyos. Esto también se aplica a las personas. Fíjese en su círculo de amigos y observará que a menudo gravita hacia personas afines a usted. Es propio de la naturaleza humana preferir rodearse de personas con las que se comparten intereses y rasgos de personalidad comunes.

Nunca se tiene un solo pensamiento negativo. Una vez que la mente empieza a pensar negativamente, altera sus patrones de pensamiento y cambia la perspectiva. Por ejemplo, gana peso y se convence de que nunca podrá perderlo y ponerse en forma. Este pensamiento atraerá otros como «me odio», «soy feo», «nadie me quiere», «no puedo adelgazar porque soy un fracasado», etc.

Solo puede superar las ideas que lo frenan liberándose de ellas y sustituyéndolas por otras positivas. Comprenda que estos pensamientos negativos no son realistas ni racionales. No son más que el reflejo de sus miedos e inseguridades, pero si se enfrenta a ellos y aplica el pensamiento lógico, verá que no tienen ningún mérito.

Curiosamente, si hay algo que le falta, atraerá más de ese vacío. Por ejemplo, si tiene deudas, atraerá más deudas. Del mismo modo, atrae lo que no necesita. Por ejemplo, si tiene un trabajo en el que se siente cómodo, tendrá más probabilidades de recibir otras ofertas de trabajo.

La naturaleza aborrece el desorden

Cuando su cerebro está atestado de pensamientos negativos, no hay lugar para la positividad. Elimine la negatividad para liberar espacio y atraer pensamientos positivos y buenas experiencias. Si su casa está llena de cosas que no necesita, afectará a su salud mental y no tendrá espacio para cosas nuevas o más bonitas. Recuerde que si su cerebro está desordenado, también lo estarán todos los aspectos de su vida.

El presente no siempre es perfecto

La vida no siempre es fácil y, en la mayoría de los casos, el presente es cualquier cosa menos perfecto. Hay guerras, enfermedades y gente que muere, además de las tensiones a las que se enfrenta a diario. Ya sean problemas de pareja o un trabajo que le quita la vida, hay cosas que hacen difícil ver lo bueno de la vida.

La mayoría de la gente no vive el momento presente. O dejan que sus cerebros vaguen hacia el pasado y viven lamentándose o están constantemente preocupados por el futuro. Sin embargo, no tiene sentido, porque el pasado ya pasó y no hay nada que se pueda hacer para cambiarlo y el futuro no está garantizado. Céntrese en el presente y trabaje para que sea perfecto.

Este punto hace hincapié en que siempre hay cosas en el presente que pueden preocuparlo y hacerlo infeliz. No pierda el tiempo centrándose en las cosas malas. En lugar de eso, mejórelas y haga que la vida sea más fácil para usted. Esto es mejor que gastar su energía en sentirse desgraciado e impotente. Hay momentos en los que se sentirá triste y los pensamientos negativos lo invadirán, puede sentirlos y reconocerlos. Arregle lo que pueda y no se obsesione con las cosas que están fuera de su control.

Digamos que está atrapado en un trabajo sin futuro con un jefe que le hace la vida imposible. Puede dedicar su tiempo a quejarse o a encontrar formas de arreglar la situación. O envía currículos con la esperanza de encontrar otro trabajo o trabaja más duro en el que tiene y se supera aprendiendo nuevas habilidades.

No malgaste su energía quejándose de su trabajo o de su jefe con sus amigos y familiares. En lugar de eso, visualice el trabajo de sus sueños y hable de él con sus seres queridos. Así lo atraerá a su vida.

Ley universal

La ley de la atracción se asemeja al concepto del karma: lo que va, vuelve. No solo recibe de vuelta los pensamientos que lanza al universo, sino también todas las buenas acciones que realiza. La forma en que trata a los demás influye directamente en su vida. La amabilidad y el amor atraen emociones positivas y la gente lo tratará de la misma manera que usted les trata a ellos. Por ejemplo, si sonríe a alguien, le devolverá la sonrisa. Si trata con respeto a sus subalternos en el trabajo, lo admirarán y lo respetarán. En cambio, si hiere, falta al respeto u ofende a alguien, le responderá de la misma manera.

Ayude siempre a los necesitados y así, siempre que tenga problemas, el universo le enviará a alguien para que le dé una mano.

Armonía

Su entorno tiene un gran impacto en su energía. Puede influir en sus pensamientos y cambiar su visión de la vida. Permanezca en un entorno positivo y rodéese de personas que lo eleven e influyan positivamente en sus pensamientos.

Ahora que entiende la ley de la atracción y el impacto que puede tener en su vida, conozca algunos ejercicios que pueden ayudarlo.

Técnica de meditación

Instrucciones:

1. Busque una habitación tranquila y sin distracciones.
2. Siéntese en una posición cómoda.
3. Cierre los ojos y respire profundamente varias veces.
4. Concéntrese en los patrones recurrentes de su vida. Dedique unos minutos a observarlos y a notar la frecuencia con la que reacciona ante ellos.
5. A continuación, centre su atención en los pensamientos o emociones negativos que aparecen como temas recurrentes.
6. Comprenda la forma en que se enfrenta a estos patrones e interprete su vida desde las creencias que tiene.
7. Pida a su yo superior que lo guíe para ver si sus acciones están influyendo en su situación actual.
8. Centre su atención en un patrón significativo y contemple todas las veces que ese tema estuvo presente en su vida. Pregúntese qué estaba pasando en su vida en ese momento y cómo era su entorno.
9. Reflexione sobre su mentalidad durante ese tiempo. ¿Cuáles eran sus pensamientos y creencias? ¿Cómo se sentía como resultado de su situación? ¿Cómo influyeron su energía y su realidad interna en la energía que atrajo y en la realidad que creó?
10. ¿Cómo se expresó en ese momento? ¿Cómo reaccionó ante su entorno y la situación a la que se enfrentaba?

11. ¿Cómo terminó este patrón? ¿Fue usted quien lo terminó o fue un factor externo?
12. ¿Qué lecciones aprendió de esta experiencia y cómo reaccionó ante ellas? ¿La experiencia lo hizo más sabio? ¿Cómo pueden estas lecciones activar la ley de la atracción para atraer pensamientos, emociones y experiencias positivas en el futuro?
13. A continuación, establezca la intención de curar todas las heridas y soltar las viejas creencias de su pasado que contribuyen a la negatividad. Puede decir algo como: «*Estoy sanando mis heridas y soltando mis creencias y errores del pasado para liberar espacio para que el amor y la positividad entren en mi vida. Estoy soltando todos los pensamientos y emociones que ya no me sirven*».
14. Imagine que su ángel de la guarda le envía energía curativa y amor para sanar todas sus heridas.
15. Sienta la energía curativa fluyendo por cada parte de usted e invite al comportamiento, la creencia o la persona de la que quiere sanar a que aparezca ante usted. Ahora, transfiera la energía desde su corazón hacia ella con la intención de sanar también sus heridas.
16. Exprese sus sentimientos mientras transfiere su energía y pide guía a su yo superior.
17. Ahora, con amor, corte el vínculo energético que lo conecta con la situación o el ser y observe cómo se disuelve.
18. Concéntrese en la energía, los pensamientos o las emociones que quiere manifestar o traer a su vida en este momento.
19. Imagine la energía o los pensamientos como una luz brillante y colorida que le trae alegría, consuelo y entusiasmo. Crea que ya está experimentando estos sentimientos y note cómo su estado de ánimo mejora.
20. Asimile todo lo que le rodea, como los sonidos, los olores y las sensaciones, mientras mantiene los ojos cerrados.
21. Sienta los pensamientos y emociones positivas que fluyen a través de usted.
22. Exprese su gratitud por todas las bendiciones que el universo le da.
23. Respire profundo cuando la imagen que ha creado en su imaginación parezca y se sienta real.

24. Exhale mientras imagina, dando energía a su visualización. El aire que exhale le dará fuerza y vida.
25. Siéntese con esta imagen durante unos minutos y sienta cómo cambian sus pensamientos y emociones.
26. Cuando haya terminado y se sienta preparado para volver al mundo real, respire profundamente, suelte el aire y abra los ojos lentamente.

Visualización

Instrucciones:

1. Acuéstese en la cama y póngase cómodo.
2. Cierre los ojos, despeje la mente y relaje el cuerpo.
3. Sienta el colchón contra su piel y perciba el aroma de la habitación.
4. Concéntrese en los sonidos que lo rodean, como el canto de los pájaros en el exterior, la respiración de su pareja junto a usted o el sonido del viento.
5. Ahora, visualice todo lo que quiere atraer a su vida.

Tablero de visión

Herramientas:

- Una superficie plana.
- Objetos que representen sus objetivos, como citas, palabras o fotos.
- Tijeras.
- Clips o pegante.
- Impresora.

Instrucciones:

1. Establezca la intención de crear un tablero de visión para activar la ley de la atracción y atraer un determinado sueño a su vida, como el amor o una carrera mejor.
2. Establezca un marco de tiempo para el tablero. Esto dependerá del objetivo. Por ejemplo, si su objetivo es ascender, el plazo puede ser de uno o dos años.
3. Decida el tipo de tablero de visión que quiere crear, como una cuadrícula de pared o un *collage*. Elija algo que lo haga sentir feliz

y cómodo.

4. Prepare sus materiales y elija cosas que lo motiven, lo inspiren y lo llenen de positividad cada vez que las vea.

5. Cree el tablero de visión pegando las imágenes y las citas en un *collage*. Puede escribir las citas o dibujar las imágenes.

6. Después de crear el tablero, colóquelo en un lugar que vea todos los días.

Consejos:

- Recuerde que la ley de la atracción se basa en la positividad, así que no reconoce afirmaciones negativas como «Ya no quiero estar enfermo»; el tablero lo interpretará como «Quiero estar enfermo». Mantenga sus palabras y su tono positivos. Las imágenes y citas que elija también deben ser alegres para atraer pensamientos similares a su vida.

- Elija sus palabras con cuidado. No diga: «Quiero curarme de mi enfermedad», porque su energía se centrará en la palabra «enfermedad». En cambio, puede decir: «Quiero curarme y estar fuerte y sano».

- Hable de sus objetivos como si ya los hubiera alcanzado.

Usted es lo que piensa, así que sea consciente de las divagaciones de su mente. Recuerde permanecer en el presente, ya que está garantizado; el futuro es desconocido y el pasado ya no es relevante.

Aunque no siempre puede controlar los pensamientos negativos, intente ser consciente de ellos. No luche contra ellos; reconózcalos cuando surjan y luego déjelos ir. Comprenda que es más fuerte que esos pensamientos y que tiene el poder de liberarse de ellos.

La ley de la atracción existe desde el principio de los tiempos. Enseña a la humanidad el significado de los pensamientos y que recibe lo que envía al universo. Mantenga sus pensamientos positivos y deje ir toda la negatividad que impacta su vida. Utilice frases positivas cuando hable de usted y de sus objetivos. Crea que puede lograr todo lo que se proponga y que el universo lo está guiando constantemente.

Capítulo 9: Meditaciones diarias

¿Alguna vez se ha encontrado desconcertado por las señales crípticas que el universo pone en su camino? ¿Quizá se ha topado con patrones numéricos que se repiten, como el 111 o el 333, y le ha intrigado su significado? Es muy común sentirse desorientado e inseguro al intentar descifrar estos mensajes. Pero no se preocupe. La meditación está aquí para servirle de faro.

La meditación diaria es la clave para el autoconocimiento y la conexión con su yo interior[11]

Este capítulo desvela el profundo papel de la meditación en la forja de una conexión íntima con su yo interior, fomentar la estabilidad emocional y cultivar una mayor conciencia de usted mismo. Profundizando en ejercicios especializados, aprenderá a despertar su chakra del tercer ojo, desmitificando así los oscuros significados codificados en esos enigmáticos números angelicales.

Así pues, si busca comprensión y orientación, respire profundo, libere cualquier tensión y prepárese para embarcarse en un viaje de exploración sobre cómo la meditación puede enseñarle las claves para descifrar el código cósmico del universo.

Mejorar la conciencia

Cultivar la atención plena conlleva muchas ventajas, que van desde agudizar la concentración hasta mitigar el estrés y la ansiedad, todo ello mientras se refuerza el bienestar general. En esta sección encontrará una serie de ejercicios y prácticas de meditación diseñados para ampliar su conciencia. Le servirán como hoja de ruta en su emocionante viaje hacia una mayor conciencia de usted mismo.

- **Ejercicio de respiración consciente**

Siéntese cómodamente en una silla o con las piernas cruzadas sobre un cojín. Cierre los ojos y concéntrese en su respiración. Inhale profundamente por la nariz y sienta cómo se llenan sus pulmones. Exhale lentamente, sintiendo cómo se deshincha el estómago.

Continúe respirando profundamente durante unos minutos, prestando atención a la sensación del aire que entra y sale de su cuerpo. Cada vez que su mente se distraiga, vuelva a centrarse en la respiración. Puede repetir este ejercicio tantas veces al día como necesite, aunque solo sea durante unos minutos.

- **Meditación de exploración corporal**

Acuéstese en una postura cómoda y cierre los ojos. Recorra lentamente su cuerpo con el pensamiento, empezando por la parte superior de la cabeza y bajando hasta los dedos de los pies. Al concentrarse en cada parte del cuerpo, visualice que libera cualquier tensión o incomodidad. Relájese y respire profundamente.

Empiece por el chakra de la coronilla y concéntrese en esa zona durante un momento antes de descender lentamente por los demás chakras a lo largo de la línea central del cuerpo: frente, garganta, corazón, plexo solar, sacro y raíz. Quédese un momento en cada chakra y observe sus sensaciones al inhalar y exhalar.

- **Ejercicio de alimentación consciente**

Disfrute de una comida o un tentempié en un entorno relajado y con las mínimas distracciones. Mientras come, preste atención a la textura, el sabor y la temperatura de cada bocado. Observe cómo lo hace sentir la comida. La alimentación consciente ayuda a controlar el comportamiento excesivamente indulgente.

- **Meditar mientras camina**

Busque un lugar tranquilo para pasear, como un jardín o un parque. Camine despacio y concéntrese en cada paso, notando cómo sus pies entran en contacto con el suelo. Concéntrese en la respiración para mantenerse presente en el momento. Incluso puede practicar esta meditación en los pasillos de su casa o lugar de trabajo, dedicando unos minutos a usted mismo para sentir la paz que le aportan el movimiento y la respiración.

- **Meditación de gratitud**

Siéntese cómodamente y concéntrese en las cosas o personas que más aprecia. Empiece por tomarse un tiempo para visualizar todo aquello por lo que tiene que estar agradecido, desde las cosas pequeñas, como una taza de café caliente, hasta las más significativas, como las personas que forman parte de su vida. Centre su atención en cómo lo hacen sentir estos elementos.

Por último, respire profundo unas cuantas veces e imagínese dando las gracias a la fuente de estas experiencias positivas. Puede ser una figura religiosa o espiritual, el universo o una persona a la que esté dando las gracias directamente.

- **Yoga**

Existen numerosos estilos de yoga, pero los principiantes deben empezar con una práctica restaurativa, que es la más accesible. El yoga se centra en tomar conciencia de la respiración y el cuerpo, lo que permite relajarse y centrarse.

Estos ejercicios y meditaciones son solo algunos ejemplos de cómo centrarse en aumentar la conciencia. Empezar con una práctica y desarrollarla a lo largo del tiempo puede reportar beneficios notables. Con suficiente paciencia y dedicación, mejorará su concentración, reducirá la ansiedad y vivirá la vida al máximo.

Conexión con el reino angelical

Conectar con el reino angelical a través de la meditación es una experiencia poderosa y transformadora. Esta práctica espiritual le ayuda a aprovechar la conciencia superior, obtener claridad y perspicacia y sentir una conexión más profunda con lo divino.

1. Para empezar, busque un lugar tranquilo y cómodo donde no lo molesten. Respire profundo unas cuantas veces para asentarse en su cuerpo y liberar cualquier tensión o estrés. Cierre los ojos y centre su atención en la respiración, sintiendo la sensación del aire que entra y sale de su cuerpo.

2. Mientras sigue respirando profundamente, visualice una luz brillante que lo rodea. Esta luz representa la energía divina que lo rodea y lo protege. Permítase sentir la calidez y el amor de esta luz y deje que llene todo su ser.

3. A continuación, imagine una escalera que sube hacia las nubes frente a usted. Esta es su puerta de entrada al reino angelical. A medida que asciende por la escalera, siente que se vuelve más ligero y más pacífico. Con cada paso, se está acercando al reino divino.

4. Cuando llegue al final de la escalera, imagine que está en un hermoso jardín lleno de flores, árboles y animales. Este es el lugar donde residen los ángeles y otros seres divinos. Tómese un momento para mirar a su alrededor. Observe los colores, aromas y sonidos de este espacio sagrado.

5. Mientras sigue respirando profundamente, invoque la presencia de su ángel de la guarda. Pídale su guía, amor y apoyo mientras se conecta con el reino angelical. Es posible que experimente una sensación de calor, hormigueo o paz al conectar con su ángel.

6. Tómese un tiempo para charlar con su ángel y hacerle cualquier pregunta que tenga en mente. Escuche su voz, que puede llegarle como un sentimiento, un pensamiento o una visión. Confíe en que se está comunicando de *la mejor manera para usted.*

7. A medida que conecta con sus guías angelicales, sienta que se sintoniza más con su intuición y su sabiduría interior. Permítase recibir cualquier percepción o mensaje que le llegue. Sepa que cuenta con el apoyo y la guía de las fuerzas divinas.

8. Cuando se sienta preparado, agradezca a sus ángeles por su guía y su amor. Visualícese bajando la escalera de vuelta al reino físico, sintiéndose enraizado y centrado. Respire profundamente unas cuantas veces más antes de abrir los ojos.

Para profundizar su conexión con el reino angelical, puede practicar la meditación con regularidad. Dedique unos minutos al día a conectar con sus ángeles y sintonizar con su guía interior. Con el tiempo, descubrirá que esta práctica le ayuda a vivir una vida más alegre, pacífica y plena.

Meditación para abrir el chakra del tercer ojo

La meditación es una herramienta poderosa para abrir el tercer ojo y el chakra de la corona. El chakra del tercer ojo está situado entre las cejas y se asocia con la intuición, la conciencia espiritual y las habilidades psíquicas. Por otro lado, el chakra de la corona está situado en la parte superior de la cabeza y se asocia con la sabiduría divina, la unidad y la conciencia. Abrir estos chakras mejora su conexión espiritual con el universo y le ayuda a alcanzar una profunda sensación de paz interior y plenitud.

1. Para empezar, busque un lugar tranquilo y apacible donde no lo molesten. Puede sentarse con las piernas cruzadas sobre una esterilla o una almohada.
2. Asegúrese de tener la espalda recta y los hombros relajados. También puede sentarse en una silla, pero asegúrese de que sus pies están bien apoyados en el suelo. Respire profundo varias veces y sienta que la tensión de su cuerpo desaparece al exhalar.
3. Cierre los ojos y visualice una luz brillante en su frente. Esta luz representa su chakra del tercer ojo.
4. Concéntrese en esta luz e imagine que se expande y crece en intensidad. Visualice la luz brillando hacia abajo y atravesando cualquier bloqueo u obstáculo que impida el despertar de su chakra del tercer ojo.
5. Mientras sigue concentrado en el chakra del tercer ojo, empiece a respirar lenta y profundamente. Inhale por la nariz, aguante la respiración unos segundos y luego exhale por la boca.
6. Mientras respira, sienta la energía fluyendo por su cuerpo y visualícela llegando a su chakra del tercer ojo.

7. Mientras sigue respirando, desplace su atención hacia el chakra de la corona. Visualice una luz blanca brillante en la parte superior de su cabeza. Esta luz representa su chakra de la corona. Imagine que la luz crece y se expande, llenando todo su cuerpo de sabiduría divina y conexión espiritual.
8. Ahora, concéntrese simultáneamente en el chakra del tercer ojo y en el de la corona. Visualice la energía fluyendo libremente entre estos dos chakras. Imagine que la luz brillante de su chakra del tercer ojo se fusiona con la luz blanca brillante de su chakra de la corona, creando una poderosa conexión entre su yo espiritual y su yo intuitivo.
9. Intente mantener esta visualización durante al menos diez o quince minutos. Si su mente divaga, vuelva a centrarse suavemente en la respiración y los chakras. También puede incorporar afirmaciones, como *«Estoy conectado con mi intuición y mi ser divino»* o *«Confío en el universo para que me guíe en mi camino»*.

Después de la meditación, siéntese unos instantes con los ojos cerrados y sienta la energía en su cuerpo. Visualice que la luz brillante del chakra del tercer ojo y del chakra de la corona sigue brillando intensamente, incluso mientras sigue con su vida diaria.

Abrir el tercer ojo o el chakra de la corona mediante la meditación mejora su crecimiento espiritual y lo conduce a una sensación más profunda de paz interior y plenitud. Puede despertar estos chakras con la práctica constante y cultivar una fuerte conexión con su ser divino.

Ejercicios para abrir el chakra del tercer ojo

Abrir el chakra del tercer ojo o el chakra de la corona es una experiencia transformadora que le ayuda a aprovechar su intuición, mejorar su práctica espiritual y su bienestar general. Sin embargo, también puede resultar desalentador emprender un ejercicio de este tipo sin la orientación adecuada. A continuación, se explica cómo abrir el chakra del tercer ojo y el chakra coronario.

Paso 1: Establecer la intención

Empiece por fijar la intención de abrir el tercer ojo o el chakra de la corona. Para ello, siéntese en un lugar tranquilo y cómodo donde no lo molesten. Cierre los ojos y respire profundamente varias veces. Imagínese rodeado de una energía cálida, pacífica y protectora. A continuación, interiorice la intención de abrir el tercer ojo o chakra coronario. Repita para usted mismo: «Estoy abierto y preparado para recibir la energía y la sabiduría universal».

Paso 2: Respiración meditativa

A continuación, comience con la respiración meditativa, también conocida como *pranayama*. Hay muchas variaciones de *pranayama*, pero una de las técnicas más utilizadas es el método de respiración 4-7-8. Con esta técnica, se inhala durante cuatro segundos, se mantiene la respiración durante siete segundos y se exhala durante ocho segundos. Repítalo durante al menos cinco minutos y centre toda su atención en la respiración. Esto calmará su mente y lo preparará para el siguiente paso.

Paso 3: El canto Om

El siguiente paso es realizar el canto Om. Este poderoso mantra activa el tercer ojo y el chakra de la corona. Comience respirando profundamente y, al exhalar, pronuncie la palabra Om. Repítalo varias veces, visualizando que el sonido llena su cuerpo y su mente de energía positiva.

Paso 4: Masaje en la frente

Después de cantar el mantra Om, masajéese suavemente la frente con los dedos. Coloque los dedos índice y corazón entre las cejas y presione suavemente con movimientos circulares. Esto creará una sensación de calor y liberará la tensión en esta zona.

Paso 5: Visualización

Visualice una luz brillante en la zona de la frente. Imagínese esta luz expandiéndose con cada inhalación y contrayéndose con cada exhalación. Concentre toda su atención en esta visualización, permitiendo que se vuelva más vívida y clara con cada respiración.

Paso 6: Activación del chakra coronario

Coloque las manos en su coronilla y visualice la parte superior del cráneo abriéndose. Imagine una luz brillante sobre su cuerpo que ilumina cada célula. Sienta cómo la luz penetra en su cuerpo con calidez, amor y sabiduría.

Meditación de enraizamiento y limpieza

La meditación es una práctica poderosa que ayuda a conectarse a tierra y a limpiar la energía. Le permite conectar con su yo interior y acceder a su intuición, a la vez que le ayuda a liberar cualquier energía negativa o estancada que lo esté frenando. Para sacar el máximo partido a su práctica de meditación, es importante que siga estas instrucciones paso a paso:

Paso 1: Encuentre un espacio tranquilo

El primer paso en cualquier práctica de meditación es encontrar un espacio tranquilo para estar solo y libre de distracciones. Puede tratarse de un espacio dedicado a la meditación o de un rincón tranquilo en el dormitorio o la sala.

Paso 2: Establezca su intención

Una vez que haya encontrado un espacio tranquilo, dedique unos minutos a establecer su intención para la práctica de la meditación. Puede ser un objetivo sencillo, como poner los pies en la tierra y limpiar su energía, o puede ser una intención más grande, como conectar con su yo superior o encontrar claridad en un asunto concreto.

Paso 3: Colóquese en una posición cómoda

A continuación, póngase en una posición cómoda, como sentado en el suelo con las piernas cruzadas o acostado. Es importante elegir una postura que le permita relajarse y estar cómodo durante toda la práctica de la meditación.

Paso 4: Concéntrese en la respiración

Con los ojos cerrados, empiece a concentrarse en su respiración. Inhale profundamente por la nariz, llenando los pulmones de aire, y luego exhale lentamente por la boca. Repita esta respiración profunda durante varios minutos, permitiendo que su cuerpo se relaje con cada respiración.

Paso 5: Visualice raíces que crecen desde sus pies

Para enraizarse, visualice raíces que salen de sus pies y se hunden profundamente en la tierra. Imagine que estas raíces lo anclan al suelo y le proporcionan una sensación de estabilidad y seguridad. Tómese unos instantes para concentrarse en esta visualización y hacerla más vívida en su mente.

Paso 6: Examine su cuerpo en busca de tensión

Mientras respira profundamente y se concentra en enraizarse, explore su cuerpo en busca de zonas de tensión o incomodidad. Si nota alguna tensión o molestia, tómese unos instantes para respirar en esas zonas y liberar la tensión.

Paso 7: Visualice una luz blanca

Para limpiar su energía, visualice una luz blanca brillante que desciende del universo y rodea su cuerpo. Visualice que esta luz penetra en cada célula y la llena de energía positiva y luz. Mientras sigue concentrado en esta visualización, sienta que se vuelve más ligero y que tiene más energía.

Paso 8: Libere cualquier energía negativa

Mientras visualiza la luz blanca rodeando su cuerpo, concéntrese en soltar cualquier energía negativa o estancada que lo agobie. Imagine que abandona su cuerpo y es llevada por el universo, dejándolo fresco y rejuvenecido.

Paso 9: Termine con gratitud

Por último, termine su práctica de meditación expresando gratitud por la experiencia. Tómese unos minutos para reflexionar sobre cómo se siente y cómo ha cambiado su energía. Exprese gratitud por su cuerpo, mente y espíritu y por las innumerables bendiciones de su vida.

La meditación es una herramienta poderosa para enraizarse y limpiar su energía. Siguiendo estas instrucciones paso a paso, puede crear un espacio seguro y enriquecedor para usted y aprovechar la infinita sabiduría y energía del universo. Tanto si practica la meditación a diario como si lo hace de vez en cuando, seguro que experimentará los profundos beneficios de esta práctica milenaria. Así que respire profundo, céntrese y deje que la magia de la meditación transforme su vida.

Descubrir sincronicidades del pasado

La meditación para descubrir sincronicidades del pasado es una herramienta poderosa para encontrar conexiones que antes había pasado por alto. Al meditar sobre sus experiencias pasadas y buscar activamente las sincronicidades, comprende mejor sus pensamientos y sentimientos más íntimos y, en última instancia, logra un mayor conocimiento de usted mismo.

Paso 1: Establezca la intención

El primer paso en la meditación de sincronicidades es establecer la intención de descubrirlas. Esto implica verbalizar el deseo de conectar con el universo y obtener información sobre sus experiencias pasadas. Es importante abordar este proceso con la mente abierta y la voluntad de ser vulnerable.

Paso 2: Conecte con su respiración

Una vez que haya establecido su intención, es hora de comenzar el proceso de meditación. Empiece concentrándose en respirar lenta y pausadamente. Esto calma su mente y lo centra, permitiéndole conectar mejor con sus pensamientos y sentimientos internos.

Paso 3: Reflexione sobre su pasado

Una vez que esté tranquilo y centrado, comience a reflexionar sobre sus experiencias pasadas. Piense en acontecimientos o momentos significativos de su vida que le hayan impactado profundamente. Intente recordar las emociones que sintió durante esos acontecimientos y cualquier pensamiento o creencia que tuviera en ese entonces.

Paso 4: Busque patrones y conexiones

Mientras reflexiona sobre sus experiencias pasadas, empiece a buscar patrones y conexiones entre acontecimientos aparentemente inconexos. Preste atención a cualquier tema o símbolo recurrente que surja y a cualquier coincidencia o sincronía significativa que haya ocurrido. Anótelos en un diario o cuaderno para analizarlos y comprenderlos mejor más adelante.

Paso 5: Interprete el significado

Una vez identificados los patrones y las conexiones, es hora de interpretar su significado. Esto implica explorar sus propios pensamientos y sentimientos subconscientes, así como la orientación de fuentes espirituales o profesionales. Es importante abordar este proceso con una mente abierta y la voluntad de explorar nuevas perspectivas e ideas.

Paso 6: Pase a la acción

El último paso de la meditación para detectar sincronicidades es actuar a partir de los conocimientos adquiridos. Esto implica hacer cambios en su comportamiento, dar pasos hacia la consecución de un objetivo específico o, simplemente, adoptar una nueva perspectiva de la vida. Al pasar a la acción, puede llevar estas sincronicidades a su conciencia y utilizarlas como guía para vivir una vida más plena y con un mayor propósito.

Meditar sobre símbolos o números angelicales

Una forma de practicar la meditación es meditar en los símbolos o números angelicales. A continuación se explica cómo meditar en símbolos o números angelicales.

Paso 1: Encuentre un lugar tranquilo y apacible para meditar

Encuentre un lugar tranquilo y pacífico en su casa donde pueda meditar sin ser molestado. Puede ser una habitación, un rincón o incluso una silla específica. Asegúrese de que el lugar esté limpio, bien ventilado y cómodo.

Paso 2: Utilice símbolos o números angelicales como punto de enfoque

Elija un símbolo o número angelical que resuene con usted. Existen diferentes símbolos y números angelicales que representan diferentes cosas. Por ejemplo, el número 1111 representa el despertar espiritual, mientras que el símbolo del arcángel Miguel representa la protección y el valor. Puede encontrar diferentes símbolos de ángeles y sus significados en Internet o en libros.

Paso 3: Establezca su intención

Antes de empezar a meditar, establezca su intención. Decida qué quiere conseguir con esta meditación. Su intención puede ser conectar con su ángel de la guarda, recibir orientación o simplemente relajarse.

Paso 4: Siéntese cómodamente

Siéntese en una posición cómoda con la espalda recta. Puede sentarse en una silla o en el suelo, lo que le resulte más cómodo. Apoye las manos sobre su regazo, con las palmas hacia arriba.

Paso 5: Cierre los ojos

Cierre los ojos y respire profundamente. Inhale y exhale lentamente. Repítalo varias veces hasta que se sienta tranquilo y relajado.

Paso 6: Visualice el símbolo o el número

Visualice el símbolo del ángel o el número en su mente. Concentre su atención en el símbolo o número y deje que llene su mente de energía positiva. Si le resulta difícil visualizarlo, puede mirar una imagen del símbolo o del número angelical.

Paso 7: Repita un mantra

Repita un mantra o frase que corresponda al símbolo o número angelical. Por ejemplo, si medita sobre el símbolo del arcángel Miguel, puede repetir la frase *«Estoy seguro y protegido»*. Repita el mantra o la frase mentalmente o en voz alta tantas veces como desee.

Paso 8: Manténgase concentrado

Permanezca concentrado en el símbolo o número y en su intención. Si su mente divaga, vuelva a centrar su atención en el símbolo o número. No se preocupe si al principio le resulta difícil mantener la concentración; requiere práctica.

Paso 9: Finalice la meditación

Termine la meditación respirando profundamente unas cuantas veces y volviendo gradualmente a su entorno. Abra los ojos y tómese un momento para estirar.

Paso 10: Reflexione sobre su experiencia

Después de la meditación, tómese un momento para reflexionar sobre su experiencia. ¿Se siente más relajado? ¿Recibió alguna percepción o mensaje? Esta reflexión le ayuda a tener más clara su intención y a saber cómo mejorar.

Conclusión

Si los ángeles intentan enviarle un mensaje, de repente empezará a ver los mismos conjuntos de dígitos cada vez que mire la hora, su extracto bancario o una factura. Si ve números angelicales dondequiera que va, es señal de que ha sido despertado por ángeles que desean guiarlo por el camino correcto. Interpretar estos mensajes es un reto si sus conocimientos sobre números angelicales, numerología y sincronicidad son limitados.

Sin embargo, ahora que ha leído este libro, debería ser capaz de comprender los mensajes que los ángeles le envían y saber qué hacer al respecto. La lectura de este libro debe prepararlo para trabajar con el simbolismo angelical y proporcionarle conocimientos profundos sobre diversos conceptos relacionados con los ángeles y su conexión con el universo. Contiene información de gran valor que puede utilizar para transformar su vida y dar los primeros pasos hacia el crecimiento y el desarrollo personal.

Este libro explora el significado de los números angelicales y la numerología como prácticas espirituales milenarias. Explica la diferencia entre tiempo divino, sincronicidad y coincidencia y enseña a poner en práctica la ley de la atracción. En los primeros capítulos, aprendió sobre los orígenes, la historia y los fundamentos de la numerología y cómo los números angelicales difieren de otras prácticas esotéricas. Y lo que es más importante, ahora puedes utilizar su intuición y sus conocimientos para analizar y abordar diferentes secuencias y patrones numéricos.

Comprender las diferentes formas en que los ángeles se comunican con las personas permite ser más receptivo a sus mensajes e intentos de conectar. Con las precauciones de seguridad adecuadas en mente, puede practicar meditaciones y oraciones que le ayuden a ponerse en contacto con los ángeles de su elección y a trabajar con ellos para mejorar ciertos aspectos de su vida.

Si sabe cómo hacerlo, puede usar la ley de la atracción para cambiar drásticamente su vida. Comprender este fenómeno y conocer los principios filosóficos y religiosos en los que se basa puede ayudarle a sacar el máximo partido de su uso. Este libro proporciona ejercicios y técnicas eficaces para activar la ley de la atracción.

El último capítulo, que ofrece ejercicios y meditaciones diarios para mejorar la conciencia, conectar con el reino angelical y abrir el tercer ojo y el chakra coronario, sirve como un directorio al que puede volver en diferentes momentos de su vida. Estas prácticas apoyan sus esfuerzos espirituales, mejoran su intuición y facilitan su conexión con el universo.

Este libro es la oportunidad perfecta para que principiantes y expertos enriquezcan sus prácticas espirituales y conecten con el reino angelical. Aunque lleva tiempo, esfuerzo, dedicación y práctica, la lectura de este libro le proporciona todo el conocimiento que necesita para transformar su vida e inclinar el universo a su favor.

Esta guía de números angelicales es un recurso indispensable para cualquiera que busque ampliar sus conocimientos en el mundo de las prácticas espirituales y mejorar su intuición. Ofrece una comprensión exhaustiva de conceptos espirituales clave que ayudan a liberar todo su potencial y a llevar una vida más plena.

Vea más libros escritos por Mari Silva

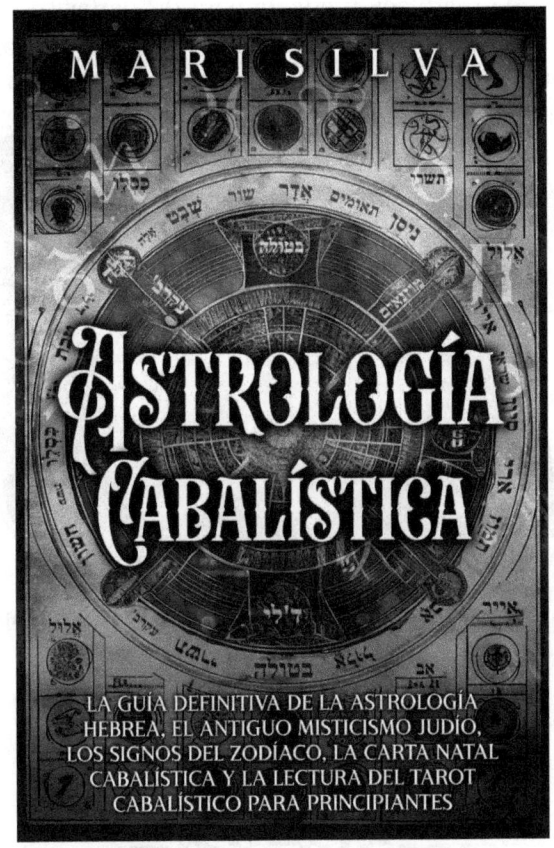

Su regalo gratuito

¡Gracias por descargar este libro! Si desea aprender más acerca de varios temas de espiritualidad, entonces únase a la comunidad de Mari Silva y obtenga el MP3 de meditación guiada para despertar su tercer ojo. Este MP3 de meditación guiada está diseñado para abrir y fortalecer el tercer ojo para que pueda experimentar un estado superior de conciencia.

https://livetolearn.lpages.co/mari-silva-third-eye-meditation-mp3-spanish/

¡O escanee el código QR!

Referencias

– H. (2019, May 13). Being visited by Angels? Here are 14 Angel signs that you are! The Angel Writer. https://www.theangelwriter.com/blog/angel-signs

(N.d.-a). Psychicsource.com. https://www.psychicsource.com/numerology

(N.d.-b). T2conline.com. https://t2conline.com/the-history-of-numerology/

(N.d.-c). Instyle.com. https://www.instyle.com/lifestyle/astrology/numerology

12 signs an angel messenger is near - centre of excellence. (2019, March 18). Centreofexcellence.com. https://www.centreofexcellence.com/angel-messenger-12-signs/

18 signs you're experiencing A synchronicity (and not just coincidence). (2022, December 23). Mindbodygreen. https://www.mindbodygreen.com/articles/synchronicities

Allard, S. (2020, May 12). The beauty of synchronicity. Divineknowing.com. https://www.divineknowing.com/blog/the-beauty-of-synchronicity/

Angel Correspondences. (n.d.). Tripod.Com. https://athena523.tripod.com/angelcorres.htm

Angelic Correspondences in the Tarot. (2015, July 8). Angelorum. https://angelorum.co/topics/divination/angelic-messages-and-correspondences-in-the-tarot/

Angelic Correspondences. (1970, January 1). SpellsOfMagic. https://www.spellsofmagic.com/coven_ritual.html?ritual=152&coven=108

Archangelic Flower Correspondences. (2022, August 8). Angelorum. https://angelorum.co/angels-2/angel-mystic-monday/archangelic-flower-correspondences/

Aúgusta, J. (2023, February 17). Where can you see angel numbers? Ministry of Numerology. https://ministryofnumerology.com/where-can-you-see-angel-numbers/

Aymen. (2011, July 26). Angelic Correspondences. Spiritual.Com.Au. https://spiritual.com.au/2011/07/angelic-correspondences/

Beck, M. (2016, August 11). Martha beck: How to tell when the universe is sending you signs. Oprah.com. https://www.oprah.com/inspiration/martha-beck-how-to-tell-when-the-universe-is-sending-you-signs

Blair, S. (2022, May 30). What are angel numbers? A guide to the phenomenon and why it may occur. RUSSH; RUSSH Magazine. https://www.russh.com/what-are-angel-numbers/

Blanchard, T. (2021, December 3). 7 signs of divine timing working in your life. Outofstress.com. https://www.outofstress.com/signs-divine-timing-is-working/

Bose, S. D. (2022, September 8). When Jim Carrey wrote himself a $10 million cheque. Far Out Magazine. https://faroutmagazine.co.uk/jim-carrey-wrote-himself-10-million-cheque/

Bronzeman. (n.d.). Method of invoking angels, by Sigil Ritual proven to be effective. Opera.News. https://gh.opera.news/gh/en/religion/c9b4f2070eb6c478ad6df37c26471fb

Canfield, J. (2021, September 8). A complete guide to using the law of Attraction. Jack Canfield. https://jackcanfield.com/blog/using-the-law-of-attraction/

Cheung, N. (2017, November 17). Signs of an angel watching over you. Woot & Hammy. https://wootandhammy.com/blogs/news/angel-signs-watching-over-you-guardian-angel-numbers

Debutify, & Tarot, A. (2021, August 3). What Are Angel Sigils? Apollo Tarot. https://apollotarot.com/blogs/insights/what-are-angel-sigils

Eatough, E. (n.d.). What is the law of attraction, and can you use it to change your life? Betterup.com. https://www.betterup.com/blog/what-is-law-of-attraction

Estrada, J. (2021, April 8). No, it's not just a coincidence—here's how to spot and decode spiritual synchronicities. Well+Good. https://www.wellandgood.com/what-does-synchronicity-mean-spiritually/

Glitch Digital. (2021, June 23). Jim carrey's law of attraction and visualization tips. Influencive. https://www.influencive.com/jim-carreys-law-of-attraction-and-visualization-tips/

Graf, S. (2012, July 15). How to meditate on the third eye for better intuition. WikiHow. https://www.wikihow.com/Meditate-on-the-Third-Eye

Günel, S. (2020, May 29). How to manifest your wildest dreams: A beginner's guide to the law of attraction. Mind Cafe. https://medium.com/mind-cafe/how-to-manifest-your-wildest-dreams-a-beginners-guide-to-the-law-of-attraction-b82ca96e7fc9

Henry Cornelius Agrippa. (n.d.). Umich.Edu. https://quod.lib.umich.edu/e/eebo/A26562.0001.001/1:13.19?rgn=div2;view=fulltext

History of Numerology - Kabbalah, Chaldean, Pythagorean, Chinese, Angelic Numerology. (2021, June 4). MyPandit. https://www.mypandit.com/numerology/history/

Hurst, K. (2019, June 5). Law Of Attraction history: Discovering the secret origins. The Law Of Attraction; Cosmic Media LLC. https://thelawofattraction.com/history-law-attraction-uncovered/

Hurst, K. (2023, March 7). 14 warning signs from angels - look out for these symbols. The Law Of Attraction; Cosmic Media LLC. https://thelawofattraction.com/angel-signs-symbols/

JABAMIAH. (n.d.). Symbolikon - Visual Library of Worldwide Ancient Symbols. https://symbolikon.com/downloads/jabamiah-angel/

KatrinaKoltes. (2020, October 15). Ask The Angels - Angelic Sigils and Keys. Katrina Koltes. https://katrinakoltes.com/ask-the-angels-angelic-sigils-and-keys/

Kelly, A. (2021, December 24). A guide to angel numbers and what they mean. Allure. https://www.allure.com/story/what-are-angel-numbers

Kirsten, C. (2022, May 16). Who invented angel numbers? The truth behind numerology origins! Typically, Topical. https://typicallytopical.com/who-invented-angel-numbers/

Kurt. (2017, July 4). Finding your centre: Grounding meditation techniques. Earthing Canada. https://earthingcanada.ca/blog/grounding-meditation-techniques/

Law of Attraction visualization. (2022, October 13). Selfpause. https://selfpause.com/law-of-attraction/law-of-attraction-visualization-how-to-activate-the-law-of-attraction-through-visualization/

Lou. (2022, May 13). 9 common angel symbols and signs from your angels. A Little Spark of Joy. https://www.alittlesparkofjoy.com/angel-symbols/

Louise, E. (2020, February 14). Synchronicity and signs from the Universe that you shouldn't ignore. Through the Phases. https://www.throughthephases.com/synchronicity-signs-from-universe/

Marissa. (2021, January 1). 10 powerful vision board ideas to master the law of attraction. A to Zen Life. https://atozenlife.com/vision-board-ideas/

Meaningful coincidences, serendipity, and synchronicity. (n.d.). Psychology Today.

https://www.psychologytoday.com/intl/blog/connecting-coincidence/202101/meaningful-coincidences-serendipity-and-synchronicity

Miedaner, T. (2015, February 25). 3 laws of Attraction: Like Attracts Like, Nature Abhors a Vacuum, The Present is Always Perfect. Lifecoach.com. https://www.lifecoach.com/articles/laws-of-attraction/3-laws-attraction-the-present-is-always-perfect/

Moore, J. D. (2016, July 24). 7 shocking ways angels speak to you every day. Psych Central. https://psychcentral.com/blog/life-goals/2016/07/ways-angels-speak-to-you

Moore, J. D. (2016, July 24). 7 shocking ways angels speak to you every day. Psych Central. https://psychcentral.com/blog/life-goals/2016/07/ways-angels-speak-to-you

O., T. (2021, October 15). Mirror hours: what are they trying to tell you? WeMystic. https://www.wemystic.com/mirror-hours/

Parlak, M. (2022, December 25). Deep spiritual meaning of mirrored numbers. Gemset. https://gemset.net/deep-spiritual-meaning-of-mirrored-numbers/

Paxton, P. (2022, February 15). Law of Attraction: History and overview - mind altar - medium. Mind Altar. https://medium.com/mind-altar/law-of-attraction-history-a-80bc52daa925

Powers, S., Barkataki, S., & Marglin, A. T. to. (2021, June 15). Everything you need to know about the solar plexus (navel) chakra. Yoga Journal. https://www.yogajournal.com/yoga-101/chakras-yoga-for-beginners/intro-third-navel-chakra/

Quinn, J. (2023, January 10). What do angel numbers mean, and why do you see them everywhere? Reader's Digest. https://www.rd.com/article/angel-numbers-meaning/

Rebecca Joy Stanborough, M. F. A. (2020, November 13). What is vibrational energy? Healthline. https://www.healthline.com/health/vibrational-energy

San, D., & Ph, F. D. (n.d.). Angels As Spiritual Guides. Digitalcommons.nl.edu. https://digitalcommons.nl.edu/cgi/viewcontent.cgi?article=1054&context=faculty_publications#:~:text=These%20spiritual%20beings%20are%20thought,different%20times%20in%20their%20life.

Sappington, T. (2020, September 10). The spirit world: Angels. The Gospel Coalition. https://www.thegospelcoalition.org/essay/the-spirit-world-angels/

Scott, E. (2007, February 18). What is the law of attraction? Verywell Mind. https://www.verywellmind.com/understanding-and-using-the-law-of-attraction-3144808

Sendef, G. (2016, September 26). 5 common ways angels bring you guidance and messages. Change Your Thoughts; Steven Aitchison. https://www.stevenaitchison.co.uk/5-common-ways-angels-bring-guidance-messages/

Siegel, J. (2022, May 4). Your angel number: What it means and how to discover it. WikiHow. https://www.wikihow.com/Find-My-Angel-Number

Sipress, J. (2021, July 21). Everything you need to know about angel numbers. Cosmopolitan. https://www.cosmopolitan.com/lifestyle/a37079416/angel-numbers-numerology/

Spiegelhalter, D. (2012, April 26). Coincidences: What are the chances of them happening? BBC. https://www.bbc.com/future/article/20120426-what-a-coincidence

Stokes, V. (2021, May 6). How to open your third eye chakra for spiritual awakening. Healthline. https://www.healthline.com/health/mind-body/how-to-open-your-third-eye

Tamara. (2022, October 29). 7 beautiful angel signs and symbols of love and support. Tamara Like Camera; Tamara. https://tamaracamerablog.com/7-beautiful-angel-signs-and-symbols-of-love-and-support/

Taphorn, S., & Taphorn, S. (n.d.). 5 warning signs from the angels. Beliefnet.com. https://www.beliefnet.com/inspiration/angels/5-warning-signs-from-the-angels.aspx

The law of attraction, simplified: A primer on this spiritual concept. (2020, April 24). Mindbodygreen. https://www.mindbodygreen.com/articles/the-law-of-attraction-simplified-what-it-is-and-how-to-use-it

Thorp, T. (2018, August 2). A meditation guide to activate the Law Of Attraction & love. Chopra. https://chopra.com/articles/a-meditation-guide-to-activate-the-law-of-attraction-love

Thorp, T. (2019, February 4). Guided meditation: Ground yourself using the Earth element. Chopra. https://chopra.com/articles/guided-meditation-ground-yourself-using-the-earth-element

Wang, C. (2022, September 5). The Sigil of Archangel Michael: What Is It and How to Use It? Buddha & Karma. https://buddhaandkarma.com/blogs/guide/what-is-the-sigil-of-archangel-michael-meaning

What is the Law of Attraction & how does it work? (2023, March 7). The Law Of Attraction; Cosmic Media LLC. https://thelawofattraction.com/what-is-the-law-of-attraction/

White, L., & White, L. (n.d.). 7 common ways angels bring you guidance and messages. Beliefnet.com.

https://www.beliefnet.com/inspiration/angels/galleries/7-common-ways-angels-bring-you-guidance-and-messages.aspx

Why certain numbers keep showing up in your life + what to do when you see them. (2017, May 26). Mindbodygreen. https://www.mindbodygreen.com/articles/angel-number-sequences-and-what-they-mean-for-you

Wille. (2021, December 28). Angel number 7777 - A call for spirituality and meditation. A Little Spark of Joy. https://www.alittlesparkofjoy.com/angel-number-7777/

Wille. (2022, January 18). What are angel colors and what do they mean? A Little Spark of Joy. https://www.alittlesparkofjoy.com/angel-colors/

Young, A. (2019, November 7). Learn numerology: An easy-to-understand beginners guide. Subconscious Servant. https://subconsciousservant.com/learn-numerology

Fuentes de imágenes

[1] https://picryl.com/media/postilla-in-prophetas-ubu-hs-252-f043v-moralisacio-seraph-3655d7

[2] *Véase la página del autor, CC BY 4.0* https://creativecommons.org/licenses/by/4.0, vía Wikimedia Commons https://commons.wikimedia.org/wiki/File:Pythagoras._Etching_by_F._L._D._Ciartres_after_(C._V.)._Wellcome_V0004826.jpg

[3] https://www.publicdomainpictures.net/en/view-image.php?image=339272&picture=numbers-and-digits

[4] https://creazilla.com/nodes/1712425-guardian-angel-wing-sky-illustration

[5] https://unsplash.com/photos/close-up-photo-of-assorted-coins-NeTPASr-bmQ?utm_content=creditShareLink&utm_medium=referral&utm_source=unsplash *Foto de Josh Appel en Unsplash*

[6] https://www.wallpaperflare.com/angel-soldier-archangel-michael-archangel-michael-combative-wallpaper-etybt

[7] https://picryl.com/media/eth-bib-jung-carl-gustav-1875-1961-portrait-portr-14163-cropped-c7875d

[8] *Gerard David, CC0, via Wikimedia Commons* https://commons.wikimedia.org/wiki/File:Archangel_Gabriel;_La_Virgen_Anunciada_MET_ep1975.1.120c.bw.R.jpg

[9] *LauKawaii, CC BY-SA 4.0* <https://creativecommons.org/licenses/by-sa/4.0>, *via Wikimedia Commons* https://commons.wikimedia.org/wiki/File:Anael_como_el_regente_de_la_Luna.jpg

[10] https://pixabay.com/es/illustrations/buda-zen-meditaci%C3%B3n-4264589/

[11] *Amila Tennakoon, CC BY 2.0* https://creativecommons.org/licenses/by/2.0, *vía Wikimedia Commons* https://upload.wikimedia.org/wikipedia/commons/7/7e/Meditation_in_a_yoga_asana.jpg

www.ingramcontent.com/pod-product-compliance
Lightning Source LLC
Chambersburg PA
CBHW072154200426
43209CB00052B/1191